O consciente não ciente

Editora Appris Ltda.
1.ª Edição - Copyright© 2024 do autor
Direitos de Edição Reservados à Editora Appris Ltda.

Nenhuma parte desta obra poderá ser utilizada indevidamente, sem estar de acordo com a Lei n°
9.610/98. Se incorreções forem encontradas, serão de exclusiva responsabilidade de seus organizadores. Foi realizado o Depósito Legal na Fundação Biblioteca Nacional, de acordo com as Leis n°s 10.994, de 14/12/2004, e 12.192, de 14/01/2010.

Catalogação na Fonte
Elaborado por: Dayanne Leal Souza
Bibliotecária CRB 9/2162

P619c
2024

Pieroni, Narcizo
  O consciente não ciente: não basta estar ciente daquilo que não está ciente / Narcizo Pieroni. – 1. ed. – Curitiba: Appris, 2024.
  153 p. : il. ; 21 cm.

  Inclui referências.
  ISBN 978-65-250-6297-6

  1. Psicanálise. 2. Psicoterapia. 3. Inconsciente. 4. Terapia. I. Pieroni, Narcizo. II. Título.

CDD – 150.7

Editora e Livraria Appris Ltda.
Av. Manoel Ribas, 2265 – Mercês
Curitiba/PR – CEP: 80810-002
Tel. (41) 3156 - 4731
www.editoraappris.com.br

Printed in Brazil
Impresso no Brasil

Narcizo Pieroni

O consciente não ciente

Appris
editora

Curitiba, PR
2024

FICHA TÉCNICA

EDITORIAL	Augusto Coelho
	Sara C. de Andrade Coelho
COMITÊ EDITORIAL	Ana El Achkar (UNIVERSO/RJ)
	Andréa Barbosa Gouveia (UFPR)
	Conrado Moreira Mendes (PUC-MG)
	Eliete Correia dos Santos (UEPB)
	Fabiano Santos (UERJ/IESP)
	Francinete Fernandes de Sousa (UEPB)
	Francisco Carlos Duarte (PUCPR)
	Francisco de Assis (Fiam-Faam, SP, Brasil)
	Jacques de Lima Ferreira (UP)
	Juliana Reichert Assunção Tonelli (UEL)
	Maria Aparecida Barbosa (USP)
	Maria Helena Zamora (PUC-Rio)
	Maria Margarida de Andrade (Umack)
	Marilda Aparecida Behrens (PUCPR)
	Marli Caetano
	Roque Ismael da Costa Güllich (UFFS)
	Toni Reis (UFPR)
	Valdomiro de Oliveira (UFPR)
	Valério Brusamolin (IFPR)
SUPERVISOR DA PRODUÇÃO	Renata Cristina Lopes Miccelli
PRODUÇÃO EDITORIAL	Bruna Holmen
DIAGRAMAÇÃO	Ana Beatriz Fonseca
CAPA	Eneo Lage
REVISÃO DE PROVA	Bruna Santos

Consciente não ciente - Cnc e Consciente ciente - Cc

Os conteúdos que internalizamos ou aprendemos moldam nossas vidas conforme a vontade do outro. Portanto, tornar ciente as questões que estão apenas no âmbito consciente pode alterar a forma como percebemos as coisas, para melhor ou para pior. Por isso, é crucial tornar-se ciente daquilo que está apenas consciente.

Aos meus alunos e aos psicanalistas já atuando e dedicados à saúde mental e à desalienação.

Aos meus alunos de empreendedorismo, para os quais me dedico para torná-los independentes e livres de quaisquer manipulação ou dependência.

À minha família, aos meus amigos, aos meus pacientes e a todos aqueles que se dedicam a escutar (e não apenas ouvir).

Aos que sabem diferenciar o assujeitamento da liberdade do sujeito.

Aos que lutam pela igualdade de direitos, sem privilégios.

Aos que aprendem a enxergar a verdade, sem distorcê-la.

Aos que acolhem o outro na sua dor.

PREFÁCIO.

Neste trabalho abordo questões intrinsicamente relacionadas à minha prática profissional e à minha experiência clínica, combinando-as com o papel de educador, tanto no campo da saúde mental quanto com adolescentes. Além disso, compartilho insights provenientes da minha interação com organizações e associações que apoiam vítimas de agressões, abandono e violência.

Ao longo dos anos, tenho observado que muitas pessoas constroem barreiras psíquicas que as impedem de perceber ou compreender aquilo que está diante delas, seja por resistência, transtornos dissociativos ou traumas da infância. Vejo essa dificuldade como um sintoma grave que afeta o potencial futuro dessas pessoas. Por isso, com a aplicação de técnicas e práticas, percebi que é possível ajudá-las a tornarem-se cientes dos conteúdos (causas) até então apenas conscientes ou mesmo inconscientes.

Conteúdos conscientes não cientes – Cnc, resumem-se a tudo aquilo que introjetamos ao longo da vida e que, de certa forma, regem e orientam as nossas decisões e comportamentos, porém, que também nos assujeitam ao desejo e a vontade do outro, sufocando o verdadeiro eu. Transformar tais conteúdos em consciente ciente – Cc é o desafio da clínica psicanalítica e, obviamente, do próprio paciente.

Nas páginas seguintes você entenderá que tudo ao redor influencia o sujeito e que este, desde a constituição e a estruturação do ego, recebe carga gigantesca de 'ordens' vindas do externo (de fora para dentro) que se tornam verdades que precisam ser seguidas, mas que prejudicam a autogestão do indivíduo. A verdade do outro não é a verdade do verdadeiro eu, e daí surgem a angústia e demais sintomas. Provocar o movimento de dentro para fora é o desafio.

Trago questionamentos importantes para instigar o senso (quase) comum de que a sociedade deve conceber aquilo que é normal como natural, e não é assim que enxergo, afinal, a naturalidade da coisa não muda sem que haja uma ação antrópica. E são elas, as ações antrópicas, que pretendem alterar a naturalidade da coisa, por isso, proponho estas reflexões apontando várias causas dessa distorção, como: transtornos dissociativos, doutrinações, ideologias, crenças e alienações, porém, consciente de que esta percepção pode conflitar com outras correntes mais benevolentes ou menos compromissadas com a cura do paciente.

É fundamental compreender o desenvolvimento da psique humana desde o nascimento. Por isso, apresento uma síntese da formação do sujeito e da estruturação do ego, considerando o ambiente que influencia esse processo. Com o objetivo de explicar as causas e sintomas resultantes, destaco a tese central: Cnc e Cc - que aprisionam ou que libertam o sujeito da dor.

Cnc e Cc protagonizam um embate intenso entre o desejo individual e o desejo alheio, afinal, são os conteúdos externos que, na maioria das vezes, aprisionam o indivíduo em crenças limitantes, transtornos dissociativos, submissão, assujeitamento ou doutrinação/alienação.

Espero despertar seu interesse pela leitura e pelo conteúdo, afinal, como afirmou Freud, todos nós somos neuróticos e desejantes. Acredito que você se identificará em muitas das situações que exemplifico, pois, assim como eu, você é 'apenas' um ser humano e não um robô - que é programado para repetir ações de forma 'autônoma', sem reclamar ou sentir dor ou se cansar ou ficar triste ou alegre, no entanto, como seres humanos, buscamos sempre a felicidade na liberdade e na autogestão.

Boa leitura.

APRESENTAÇÃO.

A ideia deste livro surgiu depois de muita atenção na clínica. Foi observando, analisando, refletindo e elaborando que decidi explanar sobre a necessidade da ação e da atitude conscientes para minimizar ou, oxalá, curar as dores cujas causas são inconscientes. A psicanálise visa o inconsciente, isso é sabido, e conhecê-lo é ferramenta primordial, porém, é no plano da consciência que muitas situações/dores do passado podem ser 'curadas' ou minimizadas, afinal, sofrer sem conhecer a causa é compreensível (eis o papel da psicanálise), porém, ao se adquirir a consciência da causa, é preciso agir de alguma forma.

A psicanálise contemporânea preocupa-se em desvendar a forma do pensar sobre os afetos e tenta compreender o nosso movimento no mundo moderno. Reflete sobre como estamos construindo os laços afetivos, as pulsões amorosas e destrutivas, a sexualidade e o sexo, os significados das relações virtuais, a inter-relação social, do que estamos fugindo ou evitando ou negando, o que estamos recalcando, o que nos adoece e sobre o que buscamos efetivamente, além de tentar integrar os fundamentos da psicanálise clássica com as descobertas científicas e a neurociência. Há um grande empenho no sentido de compreender os sintomas neuróticos contemporâneos.

E há elementos que sobram quando pensamos sobre o mundo moderno, como: 1) IA – inteligência artificial – que vem para revolucionar a forma de executar tarefas simples e complexas, mas que pode criar legiões de analfabetos funcionais e preguiçosos mentais, 2) Dependência da tecnologia – que pode acomodar o sujeito porque a máquina 'faz tudo', 3) Relativizações – que tentam renomear conceitos de liberdade individual e criam alienação ideológica, 4) Inversão de valores – onde o errado passa a ser o 'certo' e o justo ganha conotação de errado, 5) Excesso de laudos e de diagnósticos – que 'premiam estudantes' que, por trás disso, deixam de se dedicar e de se empenhar nos estudos, 6) Segregações da sociedade – que põem uns contra os outros, como que se a sociedade devesse se autodestruir,

7) Crianças distantes dos pais e sem a necessária referência familiar – seja porque ambos trabalham ou por desestrutura ou pelo conceito adotado de família, 8) Estímulo para lutar pelo direito, porém, sem a devida conscientização das obrigações e da conquista – criando sujeitos que se acomodam, 9) Desconstrução de valores e de arquétipos – que aliena e que desorienta o sujeito na sua constituição, 10) Manipulação da informação – que impede o sujeito de desenvolver o senso crítico, entre tantos outros fatores que superlotam as clínicas voltadas à saúde mental.

A clínica contemporânea tem se voltado muito mais a estes fatores (modernos) do que propriamente ao que preconizava Freud (traumas da infância) porque hoje, em grande parte, o profissional é procurado para 'resolver' questões ditas pontuais, onde o imediatismo prevalece, correndo o risco de 'construir' profissionais cujos atendimentos serão praticados com selvageria ou superficialidade. Observo muitas práticas que, infelizmente, mantém o sujeito no gozo do transtorno/fantasia. É este imediatismo que acomete também alguns terapeutas e analistas (pseudomodernos) que, desejosos de bons resultados ao paciente (ou por questões narcísicas), acabam por transformar a clínica num local de bate-papo, de aconselhamento, de massagem ao ego ou de ponto de encontro agradável (papo de boteco). E este tipo de 'atendimento' não é adequado para curar o paciente, mas para mantê-lo no gozo do sintoma. E há muitas terapias voltadas a este imediatismo. E isso não é psicanálise.

Embora muitos dos sintomas neuróticos sejam decorrentes da nova concepção da inter-relação moderna (conflitos criados/gerados e sentidos no agora) – que tenta justificar tais imediatismos na clínica, não se concebe a ideia de ignorar os preceitos que muitos vêm considerando ortodoxos ou em desuso. Eu, por exemplo, não me autodenomino freudiano e nem lacaniano, mas pieroniano, conforme tenho explicado em todas as oportunidades que surgem, afinal, creio ser impraticável o tratamento psicológico sem considerar os estudos e as técnicas desde Freud, no entanto, há momentos em que nos valemos das ferramentas deste ou daquele, assim como é inconcebível ignorar a contemporaneidade e as práticas adotadas hoje. Tudo é válido, desde que o objetivo seja unicamente a cura do paciente – que sempre trará consigo traumas da infância, cuja repercussão é percebida facilmente na clínica: baixa autoestima, insegurança, indecisão, vazio existencial etc.

Exemplo comum para explicar sobre a repercussão dos traumas infantis na vida adulta, é que esses sujeitos com baixa autoestima e sem o necessário amor-próprio, por exemplo, são apenas reflexo do tratamento que receberam na infância, cujos pais ou ambiência não os acolheram ou não souberam oferecer o colo, nem acolher na dor, nem elogiar um feito, nem destacar suas habilidades, nem reconhecer uma ação, nem dizer que o amava, nem aplaudir num momento que merecesse elogio ou motivação. Esse adulto pode desenvolver diversos psicossintomas, como: síndrome do impostor, neurose do destino ou do fracasso, baixa autoestima, falta de amor-próprio, dificuldade de evolução profissional, sentimento de incapacidade, não pertencimento, angústia do desamparo, autodesvalorização, pensamentos obsessivos, diversas feridas emocionais entre outros. E não há imediatismo que cure tais sintomas.

E como ajudar o paciente nestes casos onde a sua criança não recebeu o amor e o cuidado vitais para fortalecê-la a fim de torná-la um adulto autoconfiante? Ora, esse é o papel da psicanálise – que é fazê-lo visitar estes lugares do passado para a ressignificação, porém, não é tarefa fácil porque esses registros de 'não sou tão bom' estão enraizados no porão do inconsciente.

Hoje vemos muitas terapias que visam despertar a autoestima e o amor-próprio no paciente, como: terapia do espelho, coach, automotivação, massagens, tarôs, hipnose, aromaterapia, tantrismo etc., no entanto, não se cura a inconsciência falando com o paciente de fora para dentro, ou seja, a mente deste adulto diminuída na infância continua diminuída e propensa a seguir aquilo que aprendeu: "*não sou capaz e nem suficiente*". É uma espécie de programação mental e de repetição de comportamentos que se instalaram como crenças limitantes no sujeito. São repetições.

Este movimento de fora para dentro – através de terapias, treinamentos, condicionamentos, reprogramações mentais etc., vindo lá de fora, na tentativa de fazer o sujeito acreditar nele (neste saber lá de fora – que Lacan chama de grande Outro), é, na maioria dos casos, inócuo, afinal, este sujeito não vai desprogramar-se apenas porque o outro assim deseja ou lhe faz acreditar ser possível. O movimento para a cura deve ser inverso: de dentro para fora, como exporei mais adiante.

Convido você para mergulhar nas páginas deste livro, que acredito ser uma interessante jornada pelos porões da mente humana, onde você poderá desvendar os enigmas do inconsciente que, espero, refletirá sobre a essência da mudança.

Convido-o a explorar os conteúdos ocultos da psique a fim de arrostar as sombras que habitam os cantos mais profundos de nossa existência, para que, identificando e compreendendo tais amarras, você possa se libertar delas.

Sabemos que desde os primórdios da psicanálise, lá no início com Freud, essa disciplina tem sido um farol que ilumina os caminhos tortuosos da mente humana, desvendando os mistérios do inconsciente e explorando as raízes dos padrões de pensamentos e de comportamentos que moldam nossas vidas.

Neste livro pretendo te conduzir por uma jornada de autoconhecimento e transformação, desafiando-o a mergulhar em sua própria psique e a confrontar os padrões que te aprisionam. Para sair desta prisão o movimento deve ser de dentro para fora.

Uma das questões centrais que abordo é a necessidade premente de tornar ciente (Cc) aquilo que está apenas consciente (Cnc) na mente, por isso, discorro sobre a importância vital de experimentar, de experienciar e de desafiar-se ao novo, permitindo-se abrir caminho para a mudança e o crescimento pessoal. É através da experiência direta, do confronto com o desconhecido e da disposição para experimentar novas formas de ser e de agir que podemos transcender os limites autoimpostos (castrações/superego) e alcançar nosso pleno potencial como seres humanos.

Convido-o a refletir sobre a natureza da mudança e o papel fundamental da experiência na jornada rumo à transformação pessoal. Através de exemplos e da exploração de conceitos psicanalíticos fundamentais, creio ser possível acender uma luz a fim de sermos guiados em uma jornada de descoberta e autodescoberta, onde podemos confrontar nossos medos, traumas e conflitos internos.

Que este livro seja não apenas uma fonte de conhecimento, mas também um convite à ação e à experiência. Que ele possa te inspirar a desafiar seus próprios limites, a abraçar o desconhecido e a permitir ser transformado pela jornada.

Acendo uma luz para aqueles que ousam se aventurar pelos recantos da mente em busca de compreensão e autotransformação. Que eu consiga, de alguma forma, te ajudar a encontrar o caminho para uma vida mais plena, significativa e autêntica.

Que este livro seja uma fonte de inspiração e coragem para todos os que buscam tornar-se conscientes daquilo que está inconsciente, experimentar o novo e abraçar o potencial transformador que reside dentro de cada um de nós. É por isso que amo a arte de psicanalisar: tornar possível a transformação interior que aprisiona o sujeito nos traumas da infância.

A psicanálise se prova eficiente como abordagem terapêutica e tem se mostrado importante para uma gama imensa de pessoas que buscam compreender melhor a si mesmas, resolver conflitos internos, lidar com traumas passados, melhorar relacionamentos interpessoais e promover maior bem-estar psicológico.

Não podemos afirmar que a psicanálise atente a um perfil ou público específico porque há muitas situações em que essa arte terapêutica pode ser especialmente benéfica, como: indivíduos com conflitos emocionais não resolvidos; sentimentos intensos de angústia; ansiedade; depressão; raiva; confusão emocional; comportamentos repetitivos; conflitos interpessoais; autoconhecimento; timidez; medos e fobias; busca da sua identidade; valores; crenças; aspirações pessoais; mudanças significativas na vida; transições de carreira; perdas importantes; luto; transtornos de identidade; autoaperfeiçoamento;

autorreconhecimento; autovaloração; dificuldades emocionais diversas; instabilidades; intempestividades; impulsividades; ação inconsequente; crescimento pessoal; dentre tantas outras situações onde o sujeito se vê sem saída ou com dificuldades na autogestão.

Portanto, a psicanálise é valiosa para qualquer pessoa que esteja buscando uma compreensão mais profunda de si mesma, que deseje resolver conflitos emocionais, melhorar relacionamentos ou promover maior bem-estar psicológico. É uma abordagem terapêutica flexível e adaptável que pode ser aplicada a uma variedade de situações e necessidades individuais, por isso adaptou-se aos contextos históricos e evoluiu ao longo do tempo. A psicanálise é viva.

A psicanálise, desde Freud até Lacan, implica na exploração dos processos mentais inconscientes, a influência dos estágios do desenvolvimento psicossexual, a importância dos desejos e impulsos inconscientes na formação da personalidade e a compreensão do sujeito como sendo construído através da linguagem e da interação com o mundo externo. Além de Freud e Lacan, outros teóricos adicionaram camadas de complexidade e interpretação à teoria psicanalítica, contribuindo para sua evolução ao longo do tempo. E esse 'descobrir' e 'evoluir' não para porque a subjetividade da psicanálise encanta e nos provoca no sentido de entendê-la como arte viva – que cresce e que muda com o tempo, sempre na busca da melhoria da saúde mental.

A psicanálise é arte cujo exercício exige conhecimento teórico, autoconhecimento através da análise pessoal, continência, percepção, feeling, capacidade de elaboração e paciência para escutar o outro, persistência, insistência, viés investigativo, articulação para questionar e fazer devolutivas, isenção e neutralidade diante das questões do outro e, em especial, uma resposta ao chamado para a arte de psicanalisar.

Responder ao chamado para psicanalisar, resumidamente, significa descobrir-se apto (autodeclarar-se) para escutar e acolher o outro. Significa também que, a priori, submeteu-se antes ao processo de autoconhecimento e de aprendizagem para saber lidar com as próprias questões, afinal, Freud diz que *"sou capaz de ir com o outro até o ponto em que suporto chegar"*.

"Ir com o outro até o ponto que suporto" significa ser continente o bastante para saber escutar de forma isenta e sem comoção quando o outro falar sobre as suas dores e angústias, afinal, se eu, enquanto analista, não conseguir controlar as minhas emoções ou me comover de alguma forma com o discurso do paciente, será forte indicativo de que preciso elaborar e ressignificar minhas próprias questões antes de atender e de acolher o outro ou, por outro lado, que ainda não estou devidamente preparado para a escuta isenta e neutra.

Ter escuta isenta e neutra significa que o profissional desenvolveu o autoconhecimento e revela que engajou no processo contínuo de autofortalecimento através da análise pessoal permanente, ou seja, que viu a importância da psicanálise como método de entender e de controlar seus pensamentos, sentimentos e comportamentos. O psicanalista que se autodeclara sabe das influências que recebeu das suas experiências do passado e das memórias e emoções inconscientes. Ele aprendeu a lidar com isso e por isso saberá como acolher o outro.

Acolher o outro significa dedicar-se a escutar e a investigar os recônditos da psique do seu paciente, assim como aprendeu a descobrir-se enquanto analisando. Significa auxiliar e facilitar o sujeito para confrontar seus traumas, suas dores e suas angústias, e isso acontece com o acolhimento humanizado, com escuta atenta e empatia. É assim que o analista pode provocar no paciente a autoexploração, a autoavaliação, a autorreflexão e, por fim, o autoconhecimento – que são os caminhos para a cura emocional.

Então tudo isso significa que não é tão simples sair por aí analisando o comportamento dos outros? Ora, sair por aí analisando o comportamento dos outros, qualquer pessoa pode fazer e, certamente, fazemos no dia a dia porque isso faz parte da curiosidade humana, no entanto, esse tipo de 'análise' não passa de observação e de julgamento do comportamento alheio – que nada tem a ver com psicanálise. Olhar para o céu ou para as estrelas e achar que tudo é lindo, ou observar as pessoas passando, ou prestar atenção numa briga ou namoro num shopping, ou ficar olhando e ouvindo a conversa dos outros, nada tem a ver com o papel do psicanalista ou da psicanálise. Isso não passa de curiosidade e de julgamento de valores, afinal, nestas situações é comum manifestações como: *"nossa, que jeito mais estranho de agir"* ou *"credo, que coisa mais feia"*, ou *"se fosse eu teria tomado outra atitude"* ou *"minha vontade é mandar para aquele lugar"* – que não passam de juízo de valor (julgar, censurar, condenar, reprovar etc.) – coisas que um psicanalista jamais fará diante do seu paciente.

Para Freud o psicanalista não pode julgar ou censurar as atitudes ou comportamentos do seu analisando porque aquele conteúdo não lhe pertence, portanto, deve conter todas as suas possíveis influências e desejos de corrigir o comportamento ou o discurso; deve conter suas emoções e evitar a contratransferência e abandonar completamente a própria memória inconsciente, sob pena de comprometer a escuta livre e plena.

Tornar consciente aquilo que está inconsciente

Freud explica na sua primeira tópica, a topográfica – que abordarei mais adiante, que a estrutura psíquica se divide em três partes: C – Consciente; PC – Pré-consciente e Ic – Inconsciente.

O consciente é uma pequena parte responsável apenas por aquilo que sabemos no momento, como: a data de hoje, a roupa que estamos usando, temperatura, com quem estamos conversando, o que estamos fazendo etc.; no pré-consciente está tudo aquilo que não nos lembramos imediatamente, mas que diante de um estímulo qualquer vem a memória consciente, como: o que fizemos ontem, nome dos pais, datas comemorativas, cor do carro, nome dos irmãos, time que torcemos, atividades que gostamos etc., ou seja, no pré-consciente estão as coisas que não estamos utilizando no momento, mas que estão facilmente acessíveis. No inconsciente ficam os traumas, as dores dos fracassos, as angústias, as coisas que nos esquecemos ou que preferimos não lembrar etc.

Então, trazer para a consciência aquilo que está inconsciente – e isso se dá através do processo contínuo da análise pessoal, significa quebrar as resistências e enfrentar as dores decorrentes disso.

Significa abrir as portas para que aquilo esquecido ou reprimido saia das profundezas do inconsciente e comece a 'frequentar' a região do pré-consciente, tipo: "*lembro-me vagamente agora*" ou "*começando a vir na memória*" ou "*parece que estou revivendo aquilo*" etc., e, com a insistência e provocações do analista, tais questões vão ficando mais claras, passando a povoar também a região do consciente, pelo menos enquanto se fala sobre aquilo. Para Lacan é assim que se cura uma dor: falar sobre o que dói para que a dor diminua no seu peso e intensidade. Para Freud isso se chama associação livre de ideias – que nada mais é do que falar e falar sobre o que vier ou que sentir vontade. E é sobre esse discurso que o analista interfere com pontuações e devolutivas a fim de provocar no paciente a reflexão sobre tal questão.

Ok, agora está consciente, o que fazer?

A psicanálise preconiza que trazer as questões inconscientes para o consciente é uma forma de elaborar e de ressignificar traumas e angústias a fim de compreender os motivos da dor, que facilita a cura delas, no entanto, cabe aqui uma pergunta: saber que a dor vem de um espinho fincado debaixo da unha do dedinho do pé direito basta para eliminar a dor? Claro que a resposta é não, afinal, não basta estar consciente sobre a origem da dor, afinal, a dor persistirá se o espinho continuar ali, diante disto, é aqui que proponho a discussão sobre as diferenças entre estar consciente, mas não ciente (Cnc), e estar consciente e ciente (Cc).

Cnc significa ter a informação; aprender através do outro; introjetar; aprender pelo simbólico (Lacan). Por outro lado, estar Cc significa colocar em prática (experienciar) aquele conteúdo apenas consciente.

No estágio Cnc o sujeito age de acordo com o que aprendeu a partir do outro (Imaginário de Lacan), já no estágio Cc tais ações passam a ser do próprio indivíduo, promovendo um desassujeitamento contínuo.

É necessário enxergar e discutir as questões Cnc e Cc e as suas implicações na vida e nas experiências cotidianas. Nas próximas páginas veremos que o indivíduo está assujeitado quando permanece na dúvida entre experimentar ou não a pimenta, afinal, papai diz que a adora e a mamãe fala que a odeia. Então, experimentá-la seria ficar do lado de um deles? Para não ter que julgá-los preferimos não experimentar?

É esta dúvida que mantém o sujeito dividido entre as questões que ouviu e que aprendeu – conteúdos que estão conscientes, mas Cnc.

SUMÁRIO.

INTRODUÇÃO 23

CAPÍTULO I
A CONSTITUIÇÃO DO SUJEITO 29

CAPÍTULO II
O CONSCIENTE NÃO CIENTE – CNC 52

CAPÍTULO III
TRANSTORNOS PSÍQUICOS 72

CAPÍTULO IV
SER PSICANALISTA 86

CAPÍTULO V
TRANSTORNOS 112

CONCLUSÃO 142

AGRADECIMENTO 150

REFERÊNCIAS 151

INTRODUÇÃO

Na apresentação explanei sobre o papel do psicanalista e sobre estar Cnc e Cc, no entanto, o que temos visto e ouvido (e me incluo) é o seguinte bordão: '*é necessário trazer as questões inconscientes para o consciente para que a cura aconteça*', e, de certa forma, isto é verdade, porém, não inteiramente verdade porque apenas estar consciente e nada fazer no sentido de mudar o fato (motivo da angústia), nada resolverá porque não basta saber, é preciso experienciar, entrar em contato com a dor, mexer nos espinhos a fim de arrancá-los. Fatos inconscientes (traumas) que geram a dor (sintomas) estão nas profundezas do Ic, portanto, movimentá-los para o consciente é o primeiro passo. Torná-los cientes é o passo seguinte, no entanto, mecanismos de defesas, como: a negação, a racionalização, a projeção, o deslocamento, a formação reativa, entre outros, impedem este segundo passo, mantendo o sujeito apenas consciente (C), mas não consciente ciente (Cc).

A fobia, apenas para trazer uma analogia simples, cujas causas podem ser genéticas ou decorrentes de histórico familiar (ambiência) ou de experiências traumáticas na infância ou até mesmo recentes, faz com que o sujeito desenvolva um medo quase que irracional de coisas ou situações que, aparentemente, não representam perigo iminente e nem riscos de vida, no entanto, é comum recebermos na clínica pacientes que relatam medos incontroláveis (pavor) de baratas, passarinhos, minhocas, elevadores, escadas, gatos, lugares escuros, ambiente fechado etc., e, questionados sobre tais medos, relatam ter consciência de que de fato não há risco e nem ameaças nestas situações, mas que não sabem lidar e nem enfrentar esse medo. Aqui temos uma clara situação de conhecer e de saber que não há riscos – o sujeito está consciente disso, embora não saiba como lidar com o seu medo incontrolável, ou seja, ele está consciente - C, mas não ciente daquilo que precisa fazer para superar tais medos – está Cnc. É a não superação ou o não enfrentamento do medo que nos aprisiona a ele, tipo: "*sei que sofro por causa disso, mas não sei como me livrar desse medo*".

E como tornar ciente (Cc) aquilo que está apenas consciente? Bem, ao longo desta obra trarei diversos exemplos e situações que o ajudarão a compreender, porém, no caso das fobias, a metodologia mais utilizada é, além da psicoterapia, a exposição do sujeito ao medo (objeto ou situação) de forma lenta e gradual, preferencialmente com o acompanhamento de um profissional da área da saúde mental. Aos poucos o medo irracional cede espaço para a experimentação e, com o tempo, o 'bicho' que lhe parecia um monstro vai ganhando novos contornos ou significados.

Essa exposição ao medo ajuda o indivíduo a desconstruir os significantes que criaram a fobia, ou seja, as informações anteriores (introjeções) levaram-no a imaginar que o 'bicho' oferecia riscos, mas com a experimentação (exposição ao medo) há uma nova percepção daquilo que o movia no sentido de temer algo que agora não lhe parece tão perigoso.

Antes as informações recebidas (de qualquer fonte) impuseram-no a percepção de que aquilo é temeroso e que deve ser evitado, criando um estado de consciência que o move no sentido da evitação. Ele está consciente de que precisa evitar aquela coisa ou situação para se proteger, desprezando ou ignorando (MDs) as possibilidades de reverter isso porque o seu consciente (movido pelo inconsciente) acredita que precisa ser assim, mantendo-o no estado permanente de fobia.

A partir do momento em que se inicia o processo da exposição ou experimentação e os medos vão diminuindo, mesmo que lentamente, as informações anteriores, tipo: 'não toque nisto', vão perdendo espaço na consciência porque o enfrentamento ou exposição afronta o que antes era perigoso, ou seja, agora não é tão perigoso. É aqui que se percebe que aquilo antes verdadeiro começa a ser descontruído por novas informações. Antes tudo aquilo estava consciente, mas não ciente. Agora, com a experimentação, o conteúdo que lhe parecia consciente fica para trás porque há uma nova percepção, uma nova informação, um novo saber – que pode levar o sujeito a perceber que vivia com uma verdade que não era sua, mas introjetada do externo, tipo: *"antes eu agia assim porque aprendi assim e pensei que assim tinha que ser"*.

SUGESTÃO DE LEITURA

No meu livro APRENDENDO A DESAPRENDER – OS QUATRO TEMPOS DO APRENDIZADO – Editora Lisbon Internacional Press – 2022, que você pode adquirir diretamente com a editora ou clicando na bio no meu Instagram: @narcizopieronipsicanalista, eu falo sobre a importância de aprender a desaprender e da necessidade de mudar as percepções em relação aos fatos. Desaprender significa mudar a consciência e abrir espaço para o novo. Tornar ciente aquilo que estava apenas consciente.

Retomando o exemplo de não experimentar a pimenta para não desagradar ou o pai ou a mãe, o sujeito prefere permanecer na consciência adquirida antes, que é comportar-se na neutralidade, porém, essa neutralidade está alienada ao desejo do outro e não ao próprio desejo, afinal, desagradar o outro pode representar que este irá se afastar, então opta por não conhecer a verdade, que é provar a pimenta e, desta forma, mantém os pais no mesmo lugar de afeto, porém, com as verdades deles – um gosta e o outro não da pimenta – privando-se da própria opinião. Lacan dá a isso o nome de alienação – que é agir de acordo com o desejo e verdade do outro. Então, por certo, ao manter a verdade dos pais este indivíduo está consciente de que age assim por causa disso ou daquilo, mas não ciente de que está alienado ao desejo ou a verdade do outro. Aqui falamos em consciente não ciente - Cnc.

E por falar em verdade, trago outra reflexão: existe verdade absoluta ou toda verdade é relativa? Bem, compreende-se por verdade tudo aquilo que está intimamente ligado ao que é sincero, que é verdadeiro, que condiz com os fatos, que não pode ser distorcido, que é a ausência da mentira ou de narrativas oportunistas, que é a afirmação do correto, que é seguramente certo diante da realidade factual apresentada, aquilo que se vê e se constata, como a Ciência, por exemplo – que embora evolua constantemente, apresenta a verdade de cada momento da pesquisa.

Adiante falarei mais sobre verdade absoluta ou relativa para compreendermos o conteúdo Cnc.

E quando a verdade é relativizada?

Primeiro entendamos o que é verdade relativizada: desejo ou empenho em mudar ou distorcer os fatos, valer-se de meias verdades, criar analogias ignorando o contexto dos fatos, tervergizar, valer-se da susceptibilidade do outro, entre outras formas de negar a verdade para criar a própria e acreditar nela.

Podemos imaginar três situações distintas quando falamos em verdade: 1ª) O fato em si, o que ocorreu ali, aquilo que foi vivido ou experenciado, 2ª) O ponto de vista daquele que se envolveu naquela situação, a sua percepção do fato, a sua justificativa, a sua explicação e o seu sentimento, e 3ª) A percepção da outra parte envolvida que geralmente confronta com a percepção do outro.

Então teríamos o fato em si, a verdade de uma e a verdade da outra pessoa.

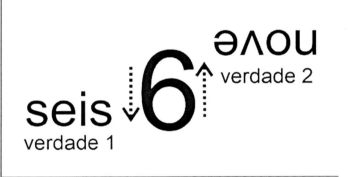

Relativizar a verdade, no sentido de fazer com que os dois lados acreditem naquilo que ouvem ou veem, é impor-lhes situações que os induzam a acreditar naquilo que se deseja que eles acreditem, afinal, eles estão vendo aquilo que se fala. No entanto, como fica claro na ilustração, neste caso, vali-me (intencionalmente) de um erro na apresentação do fato a ser avaliado, ou seja, os números seis e nove têm grafia idênticas. A intensão foi confundi-los porque basta que um mude de lado e imediatamente concordará com o outro. São perspectivas distintas.

Uma situação diferente é quando se apresenta às duas pessoas a mesma coisa sob a mesma perspectiva, como uma roseira, por exemplo. Um pode ver a beleza das rosas e o outro a feiura dos espinhos. Neste caso não estaríamos falando sobre verdades, mas sobre a perspectiva de cada um, afinal, a verdade factual e absoluta é a existência da roseira ali, portanto, ver as rosas ou os espinhos revela apenas a inferência de cada um – que não muda o fato, a verdade.São muitos os fatores que nos levam a acreditar ou a criar nossas próprias verdades e, não vislumbro exceção, pela introjeção daquilo que vemos e que aprendemos a fim de estruturar o ego. E é assim que municiamos o nosso consciente: acreditando tão somente naquilo que suportamos como verdade, mas que negamos a constatar, a verificar, a experienciar. Por esta razão dou a isso o nome de consciente não ciente, ou seja", aquilo *que aprendi me basta e nem preciso comprovar porque descobrir que estava enganado causaria dor e sofrimento*". Essa evitação mantém o sujeito encarcerado na crença de que a verdade do outro deve ser a sua verdade. Lacan chama a isso de assujeitamento ou alienação.

A verdade, portanto, não é aquilo em que acredito por conveniência ou interesse escuso, mas o fato em si, o acontecido, o que se constata, o que se comprova, aquilo que se observa além das minhas fantasias.

Veja algumas verdades – que chamo de absolutas porque constato que são fatos/coisas incontestáveis, afinal, não consigo alterá-las a meu bel prazer: dois mais dois são quatro, certo? Ou você acredita que pode haver outro resultado desta operação? Cromossomos XX caracterizam as fêmeas, certo? A Física estabelece a lei da gravidade e nenhuma ação antrópica muda isso. A água tem duas moléculas de hidrogênio e uma de oxigênio. A água evapora e não o sal. É a diversidade da flora que mantém vivo o ecossistema. A cadeia alimentar é a estrutura da fauna. Somente fêmeas engravidam e dão a luz. O desonesto rouba, não o honesto. A liberdade do cárcere é triunfo dos bons e não dos maus. Ao longo do dia temos claridade porque o sol reina. Os humanos são mamíferos bípedes. O sapo e a rã coaxam. Somente os cachorros latem, não os humanos. O comunismo escraviza e mata. Quem trabalha mais adquire mais. A noite o sol se põe.

Temos cinco dedos em cada mão. O antônimo de riqueza é pobreza. Sem comida ninguém sobrevive. O que mais se vê no deserto é areia, e mais um caminhão de afirmações que não podem ser contestadas, afinal, não há como alterá-las por serem absolutas. O fato é a verdade, não como se interpreta.

Nos exemplos citados observa-se que nenhuma ação antrópica pode alterar a natureza das verdades. Enxergar e compreender isso é estar no estágio Cc (aquilo que vejo é a verdade), porém, indivíduos com dificuldades de cognição ou outros transtornos, como o dissociativo ou a esquizofrenia, por exemplo, arguem que dois mais dois podem ser cinco – e isso, por certo, revela um sujeito dissonante da realidade porque ele vê uma coisa (fato) e interpreta outra – permanecendo Cnc, seja por distúrbios ou até mesmo questões ideológicas - que Lacan pontua como assujeitamento ou alienação ou doutrinação, que é recusar-se a enxergar a verdade para fazer valer aquilo que defende.

Assujeitamento significa, resumidamente, agir de forma a não desagradar o outro; depender da aprovação deste outro etc. Alienação é agir de acordo com a vontade do outro, permitir que outro assuma o controle e que diga o que deve ser feito; renunciar aos próprios desejos; ser subserviente. Doutrinação significa incutir no outro a sua forma de pensar e de agir; criar narrativas como se fossem verdades; distorcer os fatos para manipular; ensinar como se comportar; incutir no outro uma crença ou ideologia; criar uma legião de seguidores Cnc. E depender ou agir de forma ou sob controle do outro pode ser compreendido como transtorno dissociativo de personalidade.

Por fim, ver, ouvir, interagir com o outro sob o controle ou vontade deste outro é permanecer no estado Cnc, e, por outro lado, estar Cc é analisar, verificar, comprovar, experienciar, vivenciar, ter iniciativa e testar as alternativas antes de admitir que aquilo que está Cnc é de fato Cc, como, por exemplo, não experimentar a pimenta por acreditar naquele que diz que ela é ruim, é permanecer no estado Cnc.

CAPÍTULO I

A CONSTITUIÇÃO DO SUJEITO

Na vasta teia da existência humana, a formação do sujeito emerge como uma trama intricada, tecida por interações complexas com o outro, como demonstra Lacan. A psicanálise, nessa perspectiva, revela-se como um terreno fecundo para compreendermos essa arte singular.

Desde os primórdios da vida, somos lançados em um mundo povoado por presenças e ausências, vozes e silêncios, gestos e olhares. É nesse mundo relacional que se inscreve a moldagem inicial do eu, um eu que se configura, estranha e paradoxalmente, através da mediação do outro.

O sujeito, ao nascer, encontra-se imerso em um universo simbólico pré-existente, um universo que precede e excede sua própria individualidade. É nessa intersecção entre o eu e o outro que se delineiam os contornos da subjetividade, em um processo que oscila entre identificação e diferenciação, como propôs Jacques Lacan em sua teoria do espelho.

A figura do outro, esse ser enigmático e onipresente, desempenha um papel crucial nessa jornada de autoconstrução. É no espelho do outro que o sujeito se mira, buscando reconhecer-se e, ao mesmo tempo, desconstruir-se. Os afetos, as palavras, os gestos do outro são como fios invisíveis que vão se entrelaçando na trama da identidade, moldando-a e desafiando-a incessantemente.

A relação com o outro não é apenas um cenário passivo onde o sujeito se desenvolve, mas sim um campo de batalha onde se travam os embates mais íntimos e cruciais, conforme ressaltado por Lacan em sua teoria dos estágios do espelho. É nesse encontro dialógico que se confrontam desejos e proibições, fantasias e realidades, marcando indelevelmente a psique do sujeito.

Assim, a formação do sujeito se revela como um processo contínuo e dinâmico, permeado por encontros e desencontros, vínculos e desvinculações, onde o outro se apresenta como o eterno catalisador da nossa própria existência.

Nesse jogo complexo de espelhamentos e projeções, de encontros e desencontros, o sujeito vai gradativamente se constituindo, reinventando-se, sempre em diálogo com o outro, sempre em busca daquela ilusória completude que se vislumbra no horizonte da intersubjetividade.

Assim, na esteira dos ensinamentos freudianos, sob a perspectiva lapidar de Lacan, a formação do sujeito se ergue como um intricado mosaico, onde cada peça é moldada pelo toque sutil e muitas vezes indelével do outro, na incessante busca por decifrar os enigmas da existência humana.

Por isso, é importante reportarmo-nos aos conceitos básicos da psicanálise para entendermos a alienação, a formação do ego, a constituição do sujeito, nossas introjeções, os comportamentos, as reações, o assujeitamento, as cisões ao longo da vida e as razões pelas quais nos tornamos dependentes do Outro, e para isso, trago alguns desses estudos que formam a base da compreensão da constituição do ego. Os conceitos a seguir, de I a XXVII, foram apresentados no trabalho: A CONSTITUIÇÃO DO SUJEITO NA PSICANÁLISE, elaborado por Luciane Sbardelotto, Daniele Ferreira, Maria Inês Luzzi Peres e Ana Maria Moreno de Oliveira. Em cada tópico apresento uma espécie de resumo (ou comentário) para facilitar a sua compreensão sobre o processo de alienação até a cisão do bebê com os pais a fim de desenvolver-se como sujeito. Trata-se de um breve compêndio/resumo das grandes obras e dos melhores autores que estudam a psicanálise, iniciando com Freud, passando por Lacan e outros contemporâneos.

Entender o estado de Cnc – Consciente não ciente, através da estruturação do ego é importante para, posteriormente, compreender o estado de Cc, que é o objetivo desta obra.

Nos conceitos de I a XXVII você entenderá que desde o nascimento nos tornamos alienados ao outro, primeiro por necessidade vital, e, quando adultos, pela crença de que está no outro a sabedoria para decidir sobre nossas vidas e, inclusive, sobre os nossos desejos.

A seguir os principais conceitos que reforçam essa compreensão:

I – Neste conceito Freud revela que a criança precisa do externo, do outro e, neste caso, da mãe. Todas as suas necessidades serão satisfeitas a partir do externo.

Ao nascer, estão presentes no bebê os instintos, os quais estão ligados à manutenção da vida e que buscam ser satisfeitos. Para que haja a satisfação dos instintos é necessário um objeto do mundo externo, um objeto real, pelo qual ele obterá sua finalidade que é a satisfação. No entanto, o bebê ao nascer não possui maturidade biológica e psíquica capaz de garantir sua sobrevivência, se faz necessário para tal que um outro semelhante, um adulto, realize uma ação específica capaz de satisfazer as necessidades da criança (FREUD, 1985; FREUD, 1915).

II – Aqui Freud explica que ao suprir as primeiras necessidades do bebê, cria-se nele uma imagem, uma espécie de fotografia cuja representação (para o bebê) é que para suprir novas necessidades basta aliar/associar ao momento anteriormente gravado.

Ao ser realizada a ação específica o bebê tem uma experiência de satisfação a qual deixa marcas no aparelho psíquico, chamadas de marcas mnêmicas, imagens perceptuais que serão resgatadas de forma alucinatória assim que uma nova necessidade emergir (FREUD,1895).

III – Aqui revela-se a necessidade de completar-se através do outro, do externo. Deduz-se que o desejo do bebê será completado a partir da ação do outro. A cada avanço esta necessidade do outro aumenta consideravelmente.

O que se alucina é a "Coisa" a qual supostamente teria salvado o bebê do completo desamparo inicial. O seio materno poderia ser aqui um representante dessa "Coisa" e é a busca pela "Coisa" que inaugura, em Freud, o conceito de desejo. O desejo estaria assim ligado a uma falta, falta da "Coisa" pela qual o bebê se viu salvo do desamparo. O que se deseja é a "Coisa" que teria o "poder" de dar a plenitude ao bebê, ou seja, ser um sujeito autossuficiente, sem faltas (MURANO, 2006).

IV – Aquilo que falta se torna desejo, então, a incessante busca pela satisfação destes desejos vê respaldo no externo, no outro.

Em Freud (1915) a pulsão é o que está ligada a esse desejo que é marcado pela falta do objeto. Essa falta seria de algo que se teve na primeira experiência de satisfação e que se perdeu. Esse objeto faltoso em Lacan recebe o nome de objeto a - objeto pequeno a - o qual não seria um objeto perdido de fato, mas sim um objeto que nunca se teve na realidade. A falta seria assim constitutiva do ser humano, e o objeto a atuaria como causa do desejo (JORGE; FERREIRA, 2005).

V – A medida em que o tempo vai passando, o bebê ganha ciência de que precisa do outro, de que não vive sem o outro, de que seus desejos por suas faltas virão sempre do outro, e isso estabelece a 'verdade' de que sem o outro eu não existo.

A condição natural de desamparo vivida pelo bebê ao nascer lhe obriga a se relacionar com um outro ser humano para que se garanta a manutenção da vida, ou conforme Lacan, se assujeitar ao campo do Outro. Ao tratar da constituição do sujeito Lacan (1964), diz que o "sujeito se constitui no campo do Outro, imerso da linguagem e efeitos de operações da alienação e separação". É esse Outro quem vai nomeando o bebê, é ele quem diz ao bebê quem ele é, como ele é, o que ele sente e nessa operação de nomeação o que vai sendo inserido são significantes que não são do bebê, eles são do Outro. O bebê vai tomando para si esses ditos do Outro e a partir disso vai ocorrendo o processo que se denomina de alienação ao Outro (QUINET, 2012).

VI – Aqui se revela a necessidade de alienação (depender do outro), no entanto, revela-se também a anulação de si para que o outro me oriente e me subordine.

A condição de desamparo em que o bebê vem à vida faz com que ele se experimente como um corpo despedaçado, sem significação e esse caos só se consegue suportar na relação com o Outro. A alienação é uma via de salvação, ela é necessária para suportar o despedaçamento do Eu. Contudo, se assujeitar ao Outro implica em se assujeitar ao desejo desse Outro (SIRELLI, 2010).

VII – A necessidade da 'separação' do outro se evidencia, porém, isso se constitui, por ora, apenas em desejos que não se realizam em virtude da 'ainda' dependência.

O sujeito não pode se desenvolver preso ao desejo do Outro, é necessário se separar do Outro para se constituir a partir do seu próprio desejo. É a separação que torna o sujeito desejante, desejante porque ao se separar do Outro sua falta é evidenciada e é a falta que move o sujeito em direção a realização do seu desejo (LACAN 1964).

VIII – Neste conceito Lacan mostra que a única forma de se constituir como pessoa é a cisão do outro, a refenda, a separação, porém, enquanto houver a dependência, a cisão não acontece.

Sujeito em psicanálise diz do sujeito do inconsciente, só existe sujeito se existir falta, é ela que funda o sujeito e ela só aparece se houver a separação desse Outro. É na separação que se funda o inconsciente, ocorre uma separação entre o Eu e o Sujeito. Sendo assim, o sujeito em psicanálise não se trata de um ser "de carne e osso" propriamente dito; o sujeito não "nasce", ele se constitui por meio do campo da linguagem na relação com o Outro. É na relação com o outro que significantes vão sendo dados ao bebê e que ao se articularem vão gerando sentido (ELIA, 2010).

IX – Aqui percebemos que a criança se autopreserva contra a falta que o desejo provoca.

Anteriormente a perda do objeto da primeira experiência de satisfação, a "Coisa", há um processo denominado de autoerotismo. Nesse processo inicial a pulsão, energia que instiga constantemente o organismo à ação, está ligada a autopreservação da vida e se satisfaz no por meio de "apoio" nas funções vitais, é esse processo de apoio que propicia a emergência da pulsão (FREUD, 1915; GARCIA-ROZA, 2009).

X – Neste conceito observamos que o bebê, de certa forma, 'sabe' se defender contra os ataques internos (desejos e faltas) – que conhecemos hoje como narcisismo primário – vital para a própria existência.

O período em que o bebê não possui a percepção da unidade do corpo é o autoerotismo, isso é decorrente da imaturidade do sistema nervoso que faz com que a criança, fantasticamente se veja como um corpo despedaçado (QUINET, 2012). No início da vida devido a não existir um Eu formado ainda, as pulsões e instintos se satisfazem nos próprios órgãos. A essa forma de satisfação se dá o nome de autoerotismo. Conforme Freud (1915) "Originalmente, no próprio começo da vida mental, o ego é catexizado com os instintos, sendo, até certo ponto, capaz de satisfazê-los em si mesmo. Denominamos essa condição de "narcisismo", e essa forma de obter satisfação, de "autoerótica". No autoerotismo o bebê não possui uma imagem unificada de seu corpo, não há um Eu formado para que a libido/pulsão seja investida, assim a libido se dirige aos próprios órgãos, como objetos de satisfação (GARCIA-ROZA, 2009).

XI – O narcisismo primário é o responsável pela autoconstituição, então, por dedução óbvia, entendemos que é a pulsão retroalimentada (de dentro para dentro) que facilita a formação do sujeito e, mais adiante, a aproximação com o EU.

Posso ressaltar que estamos destinados a supor que uma unidade comparável ao ego não pode existir desde o começo no indivíduo; o ego tem de ser desenvolvido. Os instintos autoeróticos, contudo, ali se encontram desde o início, sendo, portanto, necessário que algo seja adicionado ao autoerotismo – uma nova ação psíquica – a fim de provocar o narcisismo (FREUD, 1914).

É esta ação psíquica que inaugura o processo de formação do Eu e a partir desse primeiro esboço do Eu a pulsão que era dirigida para os órgãos passa a se investida no Eu. O narcisismo é um processo que se caracteriza pela pulsão colocar o Eu como seu objeto (FREUD, 1914).

XII – O estágio do espelho de Lacan revela que, ao descobrir-se, a criança inicia o processo de separação daquela coisa que não sabia nominar (mãe), afinal, percebia-se como sou o todo e o todo sou eu.

O processo de autoerotismo e narcisismo correspondem em Lacan ao Estádio do Espelho. É no Estádio do Espelho que ocorre a "instalação do primeiro esboço do Eu", que se forma por meio do reconhecimento da imagem corporal, um reconhecimento de que "eu sou eu", ou seja, uma identificação consigo mesmo por meio da imagem do outro (CHEMAMA, 1995).

XIII – Aqui uma passagem interessante na vida da criança porque ela se reconhece através da percepção do outro, ou seja, observando o outro como ele é (estereótipo) e olhando-se, acaba por identificar-se como separado do outro.

Anteriormente a este estágio, a criança se percebe como fragmentada, a unificação da imagem se dá perante o reconhecimento da própria imagem, que é confirmada por um Outro. É nessa experiência de identificação da imagem corporal no espelho que o bebê jubila ao se reconhecer "eu sou eu" (GARCIA-ROZA, 2009).

O Estádio do Espelho em Lacan (1949) também está ligado ao registro do imaginário que se funda no processo de alienação ao outro semelhante, o adulto capaz da "ação psíquica" em Freud (1914).

XIV – Ratifica-se aqui a teoria de Lacan no sentido de que a criança se vê através do outro, seja pela percepção do estereótipo ou demais comportamentos. É olhando para o outro que a criança se reconhece como separado, um eu que existe.

É no outro semelhante que a criança pode se reconhecer, o outro é quem é o espelho, a criança reconhece seu corpo no corpo do outro o que traz o caráter imaginário deste processo (SIRELLI, 2010).

XV – É por volta dos dezoito meses de idade que a criança, por fim, entende-se como ser separado, com pessoa fora do outro. Como indivíduo que não caminha pelas pernas do outro.

Esse estádio vai dos 6 aos 18 meses, aproximadamente e deve ser compreendido como uma identificação com a própria imagem, sendo que tal identificação provoca no bebê uma transformação, se forma "a matriz simbólica em que o eu se precipita" (LACAN, 1949).

XVI – Apenas para lembrar que a criança, até os seis meses de idade, vive momentos de, digamos, uma espécie de abstração do externo, afinal, não reconhece nada e apenas 'pensa' que sou o todo e o todo sou eu.

O autoerotismo em Lacan seria um primeiro momento do Estádio do Espelho onde ao ser colocada diante de um espelho criança não se percebe e nem percebe o espelho, ou seja, a criança não se diferencia da mãe, ela e a mãe são uma coisa só, o mundo externo não é percebido.

Em seguida, num segundo momento, a criança vê no espelho um outro, o que é facilmente verificável na atitude da criança de beijar, tentar pegar, cheirar, lamber a imagem no espelho, que é o que ela também faz com as outras pessoas, há aqui uma confusão entre o eu e o outro (SIRELLI, 2010; CHEMAMA, 1995).

XVII – O narcisismo primário, como já vimos, é necessário para que a criança se defenda das faltas relacionadas aos desejos vitais, que sempre vem do outro. Com o passar do tempo, se nesta fase primária o bebê percebe que nem todas as necessidades foram supridas, pode desenvolver o narcisismo para outro grau na relação com o externo, numa espécie de busca no outro pela própria satisfação, porém, suas pulsões voltam-se para si, uma espécie de retroalimentação da libido. Freud diz que a pulsão, neste caso, não é direcionada para um objeto simbólico lá fora, mas para dentro dele mesmo. É aqui que descrevemos o narcisista como aquele que submete o outro a fim de satisfazer os seus desejos, tornando-se tóxico e indesejável.

O que impulsiona a evolução do estado de narcisismo primário é a condição natural do ser humano de dependência e desamparo. É por meio de um outro, externo a ele, que o bebê obtém a satisfação de suas necessidades (FREUD, 1915).

Os instintos de autopreservação causam necessidades corporais, as quais são indispensáveis para a manutenção da vida, condicionando um relacionamento com o mundo externo para obter satisfação e a consequente manutenção da vida (GARCIA-ROZA, 2009).

Esse objeto do mundo externo pode ser representado aqui pela mãe ou quem exerce a função materna, e mais especificadamente o seio, aquilo que lhe fornece alimento. O bebê não percebe um dentro e um fora, ele não tem a noção da mãe como um todo, segundo Freud (1915) "Na medida em que os objetos externos oferecidos sejam fontes de prazer, eles são recolhidos pelo Eu, que os introjeta em si, e, inversamente, tudo aquilo que em seu próprio interior seja motivo de desprazer o Eu expele de si". É por esse motivo que se diz que no narcisismo primário tem-se um Eu purificado ou Eu do prazer e isso é fruto da incorporação do objeto que lhe causa satisfação que é do mundo externo. É a incorporação do objeto que vai desenvolvendo o Eu (FREUD, 1915).

XVIII – Para fortalecer-se no autorreconhecimento enquanto pessoa separada do outro, a criança busca no outro esta percepção a fim de entender que o outro a vê como separada. É na 'aprovação' do outro que a criança se entende como una.

Temos então o terceiro momento do Estádio do Espelho, no qual, a criança se vê no espelho e volta seu olhar a um Outro, que pode ser a mãe, o pai, o cuidador; que confirma a ela que ela é ela, como diz Lacan (1949) "é condição necessária a visão de um congênere, não importa o sexo", é o olhar do Outro. A criança verifica se o Outro percebe que ela se percebeu. O olhar do Outro sustenta a experiência da criança. Aqui estaria o "ato psíquico" do qual Freud (1914), diz ser necessário para a passagem ao narcisismo primário. Segundo Lacan (1953/1954), "a forma total do corpo humano dá ao sujeito um domínio imaginário do seu corpo, prematuro em relação ao domínio real" e ainda salienta que o Estádio do Espelho corresponde à primeira experiência em que "o homem passa pela experiência de que se vê, se reflete e se concebe como outro que não ele mesmo", sendo que tal experiência é essencial para a estruturação do imaginário e a vida de fantasia do sujeito. No estádio do espelho a criança "jubila" ao ter a sensação de domínio do corpo, uma satisfação narcísica de saber-se um corpo. O narcisismo primário representa a onipotência, dada por essa sensação de domínio do corpo e pela manutenção desse estado devido o investimento narcísico dos pais no bebê (NASIO, 1997; QUINET, 2012).

XIX – Os pais projetam nos filhos os próprios desejos e incutem isso neles, no entanto, com o crescimento, as crianças percebem-se "manipuladas' de alguma forma e caminham no sentido da separação. Sendo um processo lento e penoso para a criança.

Os pais projetam seus sonhos, seus anseios, ou seja, seu ideal de eu no bebê, o bebê é tido para os pais como perfeito, todo poderoso, fato traduzido por Freud (1914) como "sua majestade, o bebê". No entanto o que os pais projetam no bebê não é algo real, mas sim suposições de tal perfeição. É por intermédio da linguagem que o bebê vai sendo inserido na ordem simbólica e vai percebendo seu lugar no desejo do Outro. À medida que o Outro, por meio da linguagem, articula o objeto do seu desejo na mensagem destinada à criança é que a criança vai se identificando como objeto de desejo do Outro e busca sê-lo a partir da formação de um eu ideal (SIRELLI, 2010).

XX – É na observação do outro, em especial a mãe, que o bebê desenvolve o desejo de ser igual, ou seja, de espelhar-se neste 'fora do eu' o próprio eu.

Identificação significa ser igual a algo, assim, ao se identificar com o outro, a mãe, ou quem exerça a função materna, o bebê toma como seu o ideal do eu do outro, formando aqui seu eu ideal (FREUD, 1914).

XXI – A busca do bebê é pela compreensão de 'quem sou' se me pareço com esse outro. Uma busca que não traz muito benefício para ele porque é esse outro que forma o seu eu. É o espelho do outro refletido em si.

É o eu ideal, não correspondente ao verdadeiro Eu mas sim um ideal de um outro, que dá a característica imaginaria desse processo. A imagem especular, formada no espelho não é a imagem do Eu, mas sim do outro. Contudo apesar dessa imagem ser enganosa é a partir dela que o bebê vai se reconhecer (SIRELLI, 2010).

XXII – A dualidade sentida pelo bebê, entre ser EU e acreditar ser EU, vem da impossibilidade de separação deste outro que cuida e que ampara, afinal, ele precisa se alienar a esse outro – em quem espelha - para que seus desejos primários sejam atendidos, uma espécie de 'sou igual a você, mas não sou você'.

Com isso ao mesmo tempo que se forma uma primeira imagem do Eu, o Eu se perde. Ao se identificar com o outro o Eu se aliena na imagem que é do outro. O Eu aqui está constituído pelo outro, o Eu é o outro. Assim se diz que no Estádio do Espelho há um desconhecimento do Eu. Oue Eu é uma ilusão, a imagem do corpo é enganosa, imaginária (QUINET, 2012). *Essa relação imaginária é chamada de relação dual, é demarcada pela percepção de um dentro e um fora, uma consciência que logo se perde. O que caracteriza a relação dual não é uma relação entre dois sujeitos, mas sim a não distinção entre o que de si mesmo e do outro. A sensação de domínio e completude do bebê é ilusória, pois o narcisismo não é simplesmente uma relação consigo mesmo, mas uma relação consigo mesmo através do outro com o qual ele se identifica e se aliena. O momento do narcisismo primário é o momento da alienação do Eu (GARCIA-ROZA, 2009).*

XXIII – As necessidades do bebê – as faltas, aquilo de que precisa – se chocam com as faltas dos cuidadores. Ambos se completam na mesma falta: o bebê da identificação e os cuidadores na realização dos seus desejos na figura do bebê.

Este conceito lacaniano nos remete ao comportamento do adulto que busca incessantemente no outro aquilo que lhe falta.

A identidade assumida no Estádio do Espelho é uma identidade alienante, o Eu tem uma ilusão de autonomia, captado pelo desejo do outro o Eu se desconhece, se perde no outro. A alienação é um véu que mascara a falta dos dois sujeitos, sendo assim o que se liga de um no outro é a falta de cada um (LACAN, 1964).

XXIV – Este conceito nos remete à interdependência, como sugere Lacan na dialética do escravo, onde o escravo precisa do patrão para a sobrevivência e o patrão do escravo para as suas necessidades e/ou desejos. É esta interdependência que aliena o bebê à mãe, e vice-versa. O bebê não viveria sem a mãe e nem ela sem ele.

O processo de alienação é necessário para a constituição do sujeito, pois o despedaçamento do corpo, a falta de sentido, só é vencida por meio do investimento de um Outro no bebê (ELIA, 2010). Lacan (1964) faz uso da dialética do escravo para explicar essa importância do processo de alienação, sendo que "não há liberdade sem a vida, mas não haverá para ele vida com liberdade"; ainda usa o termo "não há algo... sem outra coisa". Nessa dialética de senhor e escravo é que bebê e mãe completam, se alienam. A imagem da criança unificada escamoteia a falta e o despedaçamento originário do sujeito. A alienação não é percebida pelo sujeito, mas ela causa efeitos, o outro vira um intruso, que invade e rivaliza com ele (QUINET, 2012).

XXV – Na dialética do escravo Lacan sugere que o bebê assume este papel porque entende que é somente neste lugar que as suas necessidades (desejos) serão atendidas. O bebê assume o lugar de 'desejo da mãe'. É a alienação necessária por depender deste outro.

Essa percepção (ou lugar assumido pelo bebê) pode causar no adulto a mesma condição de dependência do outro. É comum adultos desenvolverem o transtorno de dependência emocional.

O momento da alienação, o momento em que o bebê aceita a posição de "escravo" é o momento em que o bebê assume a posição de objeto do Desejo da mãe devido a identificação com a falta dessa mãe. Isso confere o caráter de Desejo imaginário, alienado no outro (MELLO, 2007).

XXVI – No processo de alienação o EU bebê não emerge e se prende nos desejos da mãe porque precisa dela.

A alienação é como um "véu", véu que mascara a falta, na alienação o bebê não tem falta, a fata é mascarada. Na alienação quem deseja é o Outro e não o sujeito. Para que o sujeito emerja se faz necessário o processo de separação, é preciso se separar do Outro para se constituir o próprio desejo, mesmo que este desejo seja o desejo do grande Outro (MURANO, 2006).

XXVII – O desejo de desalienar-se vai crescendo na criança porque ela deseja emergir o EU, e este desejo de cisão (ou refenda) que corrobora e o torna desejante, e estar desejante é o caminho para desalienar-se, para encontrar/desenvolver o seu sujeito.

Assim, a alienação é um processo que precisa ser superado, dando espaço a um processo chamado de separação, no qual acontece uma tentativa de o sujeito se separar do Outro, sair da posição de objeto do desejo do Outro e passar a condição de sujeito desejante (LACAN, 1964). No registro imaginário, a falta é como se "não existe", existe uma relação de completude entre o eu e o objeto. Para que haja falta é necessário a entrada no registro simbólico, pois sem falta não há desejo e sem desejo não há sujeito (MELLO, 2007).

A estruturação do ego

Fase que assujeita o indivíduo e o torna Cnc

Vimos através dos conceitos fundamentais da psicanálise que na estruturação do sujeito (ou formação do ego), o estado de consciência vai se formando pelas introjeções do externo, e assim o sujeito vai 'aprendendo' o que é certo ou errado. Vai distinguindo o belo do feio, o bem de mal etc., porém, sob a perspectiva do outro, do externo. E todo conteúdo introjetado vai se transformando em 'verdades', constituindo uma consciência, porém, são informações aprendidas e não vivenciadas, portanto, conteúdos não cientes e apenas conscientes – Cnc. E esses conteúdos Cnc passam a gerir a vida do sujeito e a controlar ou direcionar os seus desejos.

As verdades passam a ser do outro. A sabedoria vem do outro. A orientação vem do outro. As normas vêm do outro. As proibições ou permissões vêm do outro. O conceito do certo e do errado vem do outro.

É neste contexto que se cria o estado de Cnc e, por isso, deixamos de ser o que queremos ser ou de fazer o que queremos fazer porque sempre haverá a dependência da aprovação do outro. Uma preocupação com o olhar do outro. Uma expectativa em torno da aceitação do outro.

O estado de Cnc nos dá a falsa sensação do saber e da consciência plena (ciência do fato), no entanto, estudar sobre as pirâmides do Egito ou sobre as ruínas Maias, por exemplo, embora nos traga o conhecimento teórico da 'coisa', não reflete o estado de Cc, afinal, visitar e entrar nas pirâmides ou caminhar pelas ruínas das antigas civilizações, isso sim, nos traz a ciência daquilo que imaginei ou que aprendi a partir do outro. É esse contato ou experimentação que nos dá a clara noção do tamanho de cada pedra, da profundidade dos corredores, da junção das paredes, da proporção descomunal de cada detalhe. É este contato 'experencial' que nos leva ao estado de Cc.

Antes de experienciar eu conhecia o fato porque ouvi, aprendi ou introjetei (Cnc). Depois da experimentação passo a saber sobre o fato, a entender, a compreender a 'coisa' (Cc).

Carl Gustav Jung diz que *"não podemos querer entender o mundo apenas com o intelecto"*, e, para mim, essa afirmação tem tudo a ver com o tema desta obra, afinal, pelo simples fato de ter aprendido sobre muita coisa através do outro, não estou assegurado/garantido de saber de fato sobre aquilo porque foi o outro que me disse, que me ensinou. Este outro pode ter me 'ensinado' a partir da perspectiva e interesses dele e não do fato em si, e assim fico alienado ou doutrinado a este outro e tomo aquilo como verdade absoluta, e como consequência, passo a agir de acordo com aquilo que passei a acreditar como verdade. Isso que foi aprendido e não experenciado é conteúdo Cnc.

Jung também diz que *"até você tornar consciente, o inconsciente irá dirigir a sua vida e você vai chamar isso de destino"*. Bem, aqui eu permito-me a reescrever esta afirmação para adequar ao tema que proponho reflexão, então, o conteúdo inconsciente ao qual Jung se refere, chamo de informações conscientes, porém, não cientes – Cnc. Quando ele diz que é preciso tornar este conteúdo consciente, comparo com o experienciar para transformar o que era Cnc em Cc.

O conteúdo Cnc nos dá a falsa sensação do saber e do possuir o conhecimento, de reter a sabedoria, de conhecer os passos e os caminhos, no entanto, não é isso que verificamos nos pacientes no dia a dia na clínica. E são muitos os exemplos, como estes:

a. O céu é um lugar onde os bons reinarão ao lado de Deus.

b. O inferno é o lugar onde os maus irão e queimarão para pagar os pecados.

c. O comunismo é o sistema de governo ideal para beneficiar os pobres.

d. As guerras se justificam porque o que interessa é a conquista e todos se beneficiam.

e. Os patrões precisam ser combatidos porque escravizam os trabalhadores.

f. Precisa ter uma lei para assegurar o direito de cada grupo ou corrente de pensamento.

g. É preciso criar dispositivos ou leis ou regras ou sistemas onde todos sejam iguais.

Ora, esses ensinamentos ou aprendizados norteiam o comportamento de muitos e, ao mesmo tempo, para outros são inverdades e até agressão, afinal, as fontes de onde beberam tais saberes são outras e muito distintas, no entanto, dirimem os seus comportamentos, sem que tenham tornado o conteúdo Cnc em Cc através da experimentação.

Acreditar piamente que o céu é lugar para os bons e o inferno para os maus, dentro da minha perspectiva, é questão de crença e de fé – que o sujeito apreendeu e entendeu que assim deve agir e, sem entrar no mérito da crença e da fé de cada um, são aprendizados que conduzem as suas vidas para este ou aquele caminho, praticando o bem ou o mal, porém, sem a certeza de que isso de fato acontece após a morte, tornando estes subordinados ou controlados ou assujeitados aos ensinamentos presentes no Cnc, afinal, se ainda vivos, não trouxeram isso para o Cc pela experimentação. Tais conteúdos Cnc regem ou dirimem as suas vidas.

Sobre o comunismo vemos duas correntes distintas: os que o defendem como forma justa de igualdade social e os que o repudiam porque o sistema matou pelo mundo cerca de cento e cinquenta milhões de pessoas inocentes, além de escravizar o povo submetendo-os a mais perversa miserabilidade, aliás, já que falo aqui sobre a psicanálise, é bom lembrar que sobre isto Freud se manifestou assim: *"os comunistas acreditam ter descoberto o caminho para nos livrar de nossos males. Segundo eles, o homem é inteiramente bom e bem disposto para com o seu próximo, mas a instituição da propriedade privada corrompeu-lhe a natureza"*. Freud deixa clara a sua percepção de que em tal sistema não haveria direito à liberdade ou a propriedade. A psicanálise trabalha no sentido de proporcionar a liberdade do sujeito e não o seu aprisionamento ou assujeitamento a uma ideologia ou corrente de pensamento.

E o que poderia alterar ou modificar ou mudar este conteúdo Cnc para conteúdo Cc? Bem, é óbvio que pela experimentação, ou seja, pelas escolhas de cada lado. Os que defendem tal sistema desejam fixar residência nestes países e é para lá que vão em férias ou onde adquirem propriedades? Se sim, então é porque aceitam e se submetem a tais regras e condição de vida imposta, assujeitando-se e, se não, numa situação onde o discurso difere da ação, revela-se a não aceitação da experimentação porque o estado de Cnc lhe interessa ou lhe assegura benefícios ou vantagens ou segurança, ficando no discurso: *"isso é bom para você, mas eu não quero para mim"*. Por outro lado, analisemos os que de fato vivem sob tal regime – no estado Cc, e que têm no estado Cnc a percepção de que noutros países democratas capitalistas há liberdade, há fartura, há direitos de ir e vir etc., e perguntemos-lhes se desejam permanecer ali ou saírem de lá. E serão estas respostas que nos permitirão compreender a distinção entre Cnc e Cc.

É assim, apenas pela experimentação, ou pelo experienciar, que se pode aproximar da verdade factual, tal como a criança que busca a cisão, mas que sabe sobre a dependência da mãe. No Cnc da criança há o desejo de ir, mas no Cc a ciência de que precisa ficar.

A ideia ou pensamento de que os patrões escravizam é nitidamente argumento desprovido de razão porque basta o mínimo senso crítico para entender que há uma relação de interdependência clara e necessária entre ambos, afinal, há os que empreendem e os que dependem deles porque não têm este dom ou disposição ou vontade de enxergar na dificuldade a oportunidade de crescimento, assim como comportamentos reativos e proativos. Os efetivos e os eficazes. É uma roda que gira e que se autossustenta.

Obviamente não quero e nem devo aqui entrar no mérito dos direitos de um ou de outro, isso cabe à legislação própria que regulamenta esta relação.

Uns aceitam os conteúdos Cnc e limitam-se a eles, enquanto que outros partem para além disso.

Sobre leis específicas para cada grupo ou pensamento, acredito, não vislumbro sensatez, afinal, ao dividir ou segregar, há enfraquecimento e disputas ou conflitos. O que julgo sensato e justo é um conjunto de leis que assegurem os direitos e as obrigações iguais para todos, sem distinção, respeitando-se a iniativa e a criatividade de cada um, assegurando-lhes a liberdade plena, onde o indivíduo assuma as suas responsabilidades. Penso que segregar ou dividir é discriminar e enfraquecer a sociedade. Lacan também falou sobre isso.

Imagine a flora ou a fauna com uma única espécie. Uma única variedade de árvore ou animal. Você acha que haveria sustentação desse ecossistema? Como ficaria a cadeia alimentar? Haveria crescimento ou desertificação?

Ora, a igualdade da fauna e da flora significaria nivelar, tornar igual, tornar o mesmo, impedir o adverso e assim impedir o crescimento pessoal (de cada arvore) e social (da floresta), e, por dedução simples, a extinção seria iminente em pouquíssimo tempo. É o adverso e as diferentes formas de vida e de ofertas que sustentam o sistema. E o mesmo princípio rege a sociedade humana.

Lacan, entre outros, se opõe a qualquer movimento que pregue indivíduos iguais ou pensamentos iguais, afinal, a unanimidade é tão burra quanto supor que tal pensamento viesse a funcionar. Não haveria o fundamento basilar da condição humana que é a gregariedade e que impõe ou que exige a interdependência, e, por certo, essa interdependência requer que diferentes produzam e ofereçam diferentes.

Uma sociedade composta por somente pobres ou somente ricos ou somente inteligentes ou somente mendigos ou somente famintos (ou qualquer outra tipificação) não se sustentaria porque a produção e o abastecimento desapareceriam, exterminando a todos com o tempo. Um bebê é diferente da mãe e dela depende por longo período da vida, aliás, a origem da própria vida depende do cruzamento de diferentes.

Portanto, este pensar que supõe igualar não considera a obviedade da própria fantasia ou alucinação ou paranoia. Coisas que flutuam na região Cnc, ou seja, um pensar sem mensurar a consequência. Já no estado Cc vê-se nitidamente a importância da adversidade e não da aludida igualdade que não se sustenta.

Portanto, o conteúdo Cnc está num espaço de aprendizados não experenciados, onde residem as fantasias, as ilações, os desejos escondidos, as frustrações não vistas, os medos, as paranoias. No Cc estão estes aprendizados experenciados, a comprovação daquilo que se teoriza e que se observa na prática. O Cc está para consciente assim como o consciente está para o pré-consciente.

A seguir vamos relembrar a primeira e a segunda tópicas de Freud e o S/I/E de Lacan e, a partir disso, exporei meus estudos sobre os conteúdos Cnc e Cc.

Como somos estruturados?

Quando Freud se aprofunda nos estudos da mente e se vê acuado pelas desconfianças dos detratares que não validavam o seu trabalho, ele decide investir ainda mais os seus esforços no sentido de comprovar aquilo que trazia sobre o comportamento humano e, neste esforço e empenho fenomenal, traz a primeira tópica e entre 1900 e 1915 elabora uma espécie de mapa que mostrava a localização dos três elementos basilares: o consciente (C), o Pré-consciente (Pc) e o Inconsciente (Ic).

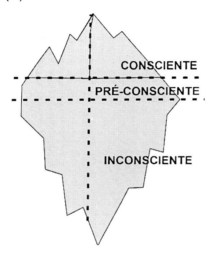

Conceito da primeira tópica de Freud

Propõe que o estudo da mente considere diferentes instâncias (níveis ou sistemas, como lugares psicológicos). Essas instâncias são como um mapeamento da mente, por isso chamou de topográfica.

Freud divide a mente 'em três partes. A parte consciente e pré-consciente são sistemas mais próximos, que atuam em conjunto entre si e também com a percepção. O inconsciente é concebido como um sistema mais distante, reservado aos fenômenos psíquicos mais ligados às pulsões.

Para Freud o Inconsciente:

   a. É o ausente da consciência em dado momento,

   b. É o sistema que organiza os fenômenos psíquicos que não podem, em um dado momento, ficar acessíveis à consciência,

   c. Seus conteúdos são carregados de libido, a pulsão sexual,

   d. O conteúdo do sistema inconsciente só pode retornar à consciência ou a pré-consciente depois de modificados pela censura (superego),

   e. Desejos da infância são exemplos típicos de conteúdos inconscientes da primeira tópica,

   f. Atos falhos e lapsos de memória também são manifestações do inconsciente,

   PS.: a ideia de que fenômenos inconscientes têm papel determinante em nossa mente causou grande descontentamento,

   A proposição freudiana sobre a sexualidade infantil também causou revolta.

Para Freud o Pré-consciente:

   a. É um sistema bastante distinto do inconsciente e está mais próximo do consciente,

   b. No sistema pré-consciente estão os conteúdos psíquicos que não estão presentes na consciência, mas que podem ser por ela acessados facilmente,

   c. São conteúdos acessíveis 'de direito' pela consciência,

   d. O pré-consciente organiza aquilo que conhecemos, mas que não está presente na nossa consciência naquele momento,

   e. Nele estão, por exemplo, fatos que podem ser relembrados com certa facilidade e sem muito esforço.

Para Freud o Consciente:

   a. É um sistema da consciência dos fenômenos psíquicos de que temos conhecimento imediato,

b. Realiza o contato com o mundo exterior,
c. Recebe as informações do interior, como as sensações de prazer e desprazer,
d. Dispõe de energia móvel pelo mecanismo da atenção,
e. É o que sabemos e o que sentimos no momento presente.

Conceito da segunda tópica de Freud

Freud propôs que o estudo da mente considerasse diferentes instâncias (níveis ou sistemas, como lugares psicológicos). Essas instâncias são como um mapeamento da mente.

A segunda tópica reformula a teoria freudiana – 1920 a 1923.

Para desenvolver as duas tópicas: topográfica e estrutural, Freud baseia suas descobertas nos estudos da psicose e, por concluir que a primeira tópica não explicava certos fenômenos psíquicos, trazendo apenas a localização do C, Pc e Ic, na segunda ele apresenta três elementos que ajudaram na compreensão desses fenômenos: Id, Superego e Ego – que estarão sempre entrelaçados uns nos outros.

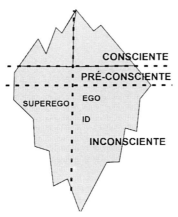

O inconsciente na segunda tópica freudiana:

a. Não é mais uma parte da mente,

b. A palavra inconsciente é usada na segunda tópica como adjetivo,

c. Designa uma possível qualidade ou situação de algum conteúdo psíquico,

d. Não é mais uma 'quase exclusividade' dos conteúdos pulsionais,

e. Todos os conteúdos do Id e grandes extensões do Ego e do Superego são inconscientes.

O Id (ou isso) na segunda tópica freudiana:

a. Parte da psique mais próxima do corpo e das pressões instintivas,

b. Conteúdos pulsionais (aético, amoral, atemporal),

c. Conteúdos hereditários ou adquiridos,

d. Regido pelo princípio do prazer,

e. Propulsor das pulsões.

O Ego na segunda tópica freudiana:

a. Mediador entre o princípio do prazer do Id e as imposições sociais do Superego,

b. Encarregado de mediar a relação entre o sujeito e a realidade externa,

c. Responsável por evitar o sofrimento e coordenar a busca do prazer,

d. Constitui e coordena os mecanismos psicológicos de defesa.

O Superego na segunda tópica freudiana:

a. Representa a moralidade, a ética,

b. Impõe as regras e as normas,

c. Dificulta e inibe a satisfação do Id,

d. Censurador e questionador,
e. Barreira entre o Id e o Ego.

Simbólico, imaginário e real:

Jacques Lacan aprofunda-se nos estudos das primeira e segunda tópicas de Freud e apresenta um trabalho fantástico quando traz o S/I/R – Simbólico, Imaginário e Real – que surge quase que como uma terceira tópica.

Aconselho que, caso você não esteja familiarizado com esse importante conceito de Lacan, estude sobre o tema a fim de assimilar o trabalho de aprofundamento feito por ele ao revisitar ou se aprofundar nas descobertas de Freud, afinal, Lacan reconceitua e reescreve os seus trabalhos, além, é claro, de trazer outras importantes contribuições para a psicanálise.

O conceito de Real, Imaginário e Simbólico foram introduzidos pela a primeira vez por Lacan em julho de 1953.

Esses conceitos trouxeram grandes avanços para a psicanálise, tanto teóricos como conceituais:

a. Através dessas três percepções: Real, Simbólico e Imaginário, Lacan passa a atribuir ao inconsciente o campo da linguagem e dos significantes cujo objetivo é apresentar o inconsciente estruturado como uma linguagem através do Real, Simbólico e Imaginário,

b. Através de estudos literários presentes em fundamentos da psicanálise, de Freud à Lacan, podemos compreender que Lacan (ao retornar a Freud) surpreende na originalidade aplicando novos conceitos na teoria freudiana e resgatando conceitos que os pós-freudianos não consideravam como objeto de estudo,

c. Com a leitura dos fundamentos da psicanálise, podemos compreender que os três registros: real, simbólico e imaginário, trazidos por Lacan, de certa forma, já estavam presentes implicitamente na obra freudiana, como, por exemplo: em muitos escritos de Freud a condensação e o deslocamento são algumas características do sistema inconsciente, no qual a condensação Freud já havia atribuído uma pluralidade de elementos psíquicos, assemelhando-se ao campo das palavras. O real, Lacan define como o impensável e o impossível de ser simbolizado,

d. Lacan define o Imaginário como aquilo que envolve o sentido, a percepção do externo, a ideia que fazemos ou que construímos do Simbólico,

e. O Simbólico é tudo aquilo com o qual nos deparamos, tudo aquilo que já existia antes de nascermos, como as leis, normas, cultura, pessoas etc.

f. O Real é aquele que se assujeita ao Ego (na constituição do sujeito), e este infere ou cria ou desenvolve seu imaginário e que se assujeita ao outro, ao Simbólico. O real é aquele que praticamente inexiste.

Diante disso, uma vez que recapitulamos esses conceitos basilares para a constituição do sujeito: primeira e segunda tópicas de Freud e o conceito de simbólico, imaginário e real de Lacan, podemos, a partir do capítulo seguinte, explicar o conceito de consciente não ciente (Cnc) e do consciente ciente (Cc).

CAPÍTULO II

O CONSCIENTE NÃO CIENTE – CNC

A partir daqui pretendo explicar que todos os conteúdos conscientes nem sempre representam a satisfação do ego porque (apenas) trazer determinado conteúdo para a consciência, sem a experimentação, não altera o campo da percepção ou da sensação ou da emoção ou da ressignificação dos traumas.

Exemplo: eu posso descrever ou falar sobre um bolo delicioso de fubá e ainda deixar a receita escrita. Explico sobre o sabor, o aroma, a textura etc. Você receberá a informação e estará consciente de tudo aquilo que falei e também sobre o que você leu na receita. Você poderá passar isso adiante até com entusiasmo e certa sensação de domínio, porém, este conteúdo permanecerá no seu consciente não ciente - Cnc, exceto quando decidir executar o processo de preparação e de experimentação, afinal, você só saberá sobre o aroma, a consistência e o sabor quando provar ou experimentar, se não, apenas repetirá aquilo que ouviu.

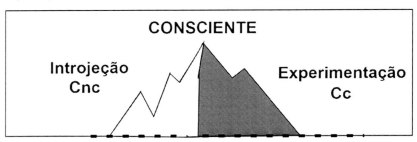

Na ponta do iceberg de Freud está o plano da consciência – como compreendido na sua primeira tópica, e, na ilustração acima, eu divido o consciente em duas partes: o consciente não ciente – Cnc e consciente ciente – Cc.

No Cnc estão todas as informações aprendidas ao longo da vida e, inclusive, não ausentes no pré-consciente. Tudo aquilo que introjetamos e que aprendemos como verdades estão nesta área do cérebro e, de certa forma, regem as nossas vidas:

a. Noções do certo e do errado – as castrações,

b. Histórias que nos contaram ou que imaginamos,

c. Filmes a que assistimos ou livros que lemos,

d. Matérias jornalísticas,

e. Política, religião, cultura etc.,

f. A educação que recebemos,

g. E tudo aquilo que nos foi passado ou vindo do externo e que ainda não experenciamos ou comprovamos.

Estes conteúdos se tornam verdades porque precisamos constituir ou construir o nosso ego e por isso nos assujeitamos a tais verdades. E com o tempo agimos de forma a cumprir com aquilo porque não conseguimos escapar, sob pena de 'possível' punição.

Os conteúdos Cnc são passados de geração para geração, de pais para filhos, dos professores para alunos, nas doutrinações, nas ideologias, na cultura, na religião, na arte etc., ocupando todo o espaço, tanto no C, como no Pc e Ic, afinal, foi um processo de introjeções ao longo de toda a vida. Tais conteúdos passam a nos reger e a nos guiar.

Do Cnc para Cc

Na ilustração abaixo podemos compreender como se estruturam o Cnc e o Cc.

Na formação contínua do Cnc está tudo aquilo que se relaciona com o Simbólico de Lacan, conforme já vimos anteriormente, permanecendo como verdades, no entanto, os traumas, as dores e as angústias se originam exatamente dessas 'verdades' que cerceiam, que impedem, que dificultam, que inibem etc., afinal, é a partir daí e de tudo isso que o superego se estruturou, ou seja, daquilo que os pais e todo o externo impuseram como verdades.

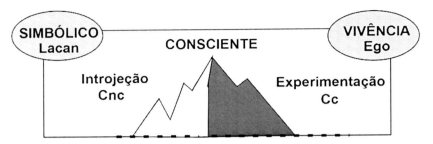

Para sair do lugar da dor é necessário mudar ou alterar alguma coisa neste sistema pré-estabelecido, se não, a dor continuará a incomodar. No processo de análise pessoal damos a isso o nome de elaborar algumas questões e ressignificar situações do passado, porém, como muitas coisas não foram experenciadas ou confrontadas – verdades aprendidas versus experimentação, hoje continuam a incomodar nas mais variadas formas, como: repetições, obsessões, ação diferente do discurso, incompreensão daquilo que vê, dúvidas, indecisões, sentimento de culpa etc.

Sabemos que o Eu assujeita-se ao Ego e que este se assujeita ao externo, então, na estruturação do sujeito (ego), por óbvio, há, de certa forma, uma imposição deste externo, tanto que há o assujeitamento para que o sujeito consiga existir. É neste assujeitamento ao externo que estão:

a. O outro diz o que devo fazer,

b. O outro dita as regras e as normas,

c. O externo pode censurar ou reprovar,

d. Desagradar o outro pode representar perdas,

e. Necessidade de agradar o tempo todo,

f. Medo de ficar isolado ou só,

g. Fobias diversas,

h. Entre tantas outras formas de receios, por isso, e para não correr o risco de não pertencimento, o sujeito constituído aprendeu que tais verdades são suas, sem a consciência de que pertencem ao outro.

O consciente ciente – Cc

Se no Cnc estão os conteúdos internalizados ou aprendidos ao longo da vida durante a estruturação do ego, então, por certo, haveremos de nos questionarmos a respeito dos conteúdos Cc e, afinal, onde eles estão? Ora, se aquilo que nos rege foi apreendido do externo, então, os conteúdos Cc se alojarão no mesmo plano da consciência, porém, numa área diferente e mais privilegiada. Esses conteúdos Cc são criados de dentro para fora, ao contrário do Cnc que vem de fora para dentro.

O Cnc vem do externo e o conteúdo Cc vai se formando na medida em que duvidamos ou desconfiamos ou que enfrentamos ou que desafiamos conteúdos Cnc que incomodam ou que trazem dor. É uma ação que se inicia dentro do plano da consciência, mas que exige uma ação inversa daquela vivida na estruturação do ego, ou seja, de dentro para fora:

a. Isso dói e não estou gostando,

b. Por que fazer assim se não quero?

c. Minha vontade é de não aceitar tal convite,

d. Como seria se?

f. Não suporto mais esta situação,

g. Preciso agir para sair dessa,

h. O que há naquele lugar?

i. Quero sair daqui porque não aguento mais,

j. Entre outras situações que levam o sujeito a questionar e a se desafiar para sair deste status quo.

São nestes questionamentos que surgem o desejo de sair e de desafiar ou de experienciar o novo, ou seja, de afrontar aquilo que até então estava no Cnc e que lhe parecia verdade plena. Surge o desejo de sair da clausura onde foi colocado na estruturação do ego.

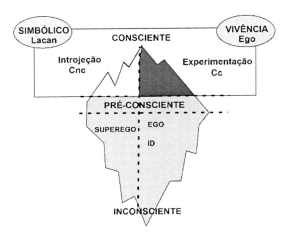

Neste movimento de questionar surge o desejo de mudar, porém, isso exigirá coragem e muito esforço porque:

a. Terei que quebrar regras,
b. Precisarei enfrentar situações ou pessoas,
c. Terei que me explicar,
d. Serei forte o bastante?
e. Saberei lidar com o que virá?
f. Continuarei aceito e pertencido?
g. Será que é certo desafiar essas 'verdades'?
h. Entre outras indagações e dúvidas.

É desta ação interior (dentro para fora) que surge o Cc, seja para ratificar ou para negar os conteúdos anteriormente introjetados. É o experienciar, o colocar a prova, o experimentar, o testar, o procurar comprovar, o descobrir etc.

E neste movimento:

a. De fato, isso é verdade

Exemplo de ratificação da 'verdade':

Antes no Cnc estava a seguinte 'verdade': não se pode dirigir se ingeriu bebida alcoólica. Então o sujeito bebe exageradamente e depois bate com o carro e se machuca.

Aqui ele comprova um registro anterior e aceita no Cnc – que passa a ocupar o espaço do Cc.

b. Nada a ver, isso não era verdade.

Exemplo de descoberta da 'não verdade':

Antes estava no Cnc a seguinte 'verdade': manga com leite faz mal à saúde. E o sujeito passou a vida toda se privando desse prazer porque desejou ardentemente comer manga com leite.

Ao descobrir que comer manga com leite não faz mal e que não tem qualquer fundamento e que se tratava apenas de folclore ou da relação entre patrões escravos (lendas), o sujeito esvazia o Cnc e infla o Cc, ou seja, na medida em que o Cnc diminui, o Cc cresce.

Na prática podemos observar alguns discursos que revelam a passagem de conteúdo Cnc para o Cc:

c. A pessoa vivia uma relação tóxica onde sofreu por muitos anos, acomodando-se por muito tempo. Depois de submeter-se ao processo de análise pessoal e de elaborar algumas questões internas, aparece no seu discurso: *"caramba, agora a ficha está caindo ..."* ou *"como não percebi isso antes ..."* ou *"estou mais leve agora"*.

d. O sujeito começa a análise pessoal e no discurso aparece *"não consigo"* ou *"não entendo isso"* ou *'nem sei como agir"*. Depois de várias sessões começa a discursar: *"lembra que eu não conseguia"* ou *"antes eu não entendia isso"* ou *"não sabia agir diante de tal situação"*.

Nos dois exemplos acima o sujeito revela que conteúdos Cnc agora se tornam Cc. A atenção do analista deve se voltar, além de outros aspectos não menos importantes, também para o tempo verbal do discurso. Observe que antes o sujeito dizia *"não consigo"* e agora fala *"não conseguia"*. Este (aparentemente) pequeno detalhe pode ajudar o analista a elaborar perguntas e devolutivas que conduzam o paciente para este novo lugar, onde ele revela estar melhor e mais feliz. É certo que o Cc nem sempre revela conteúdos bons ou que trazem felicidade, afinal, o paciente pode constatar que é subserviente, dependente, controlado etc. Mas é este o movimento necessário para desassujeitar o paciente a fim de dar a ele a liberdade que busca.

Movimentos dos Cnc e dos Cc

Se os conteúdos Cnc vindos de fora são os responsáveis pela estruturação do ego ou pela constituição do sujeito, então podemos deduzir que o desassujeitamento ou desalienação vai ocorrer na medida em que me aproximo do EU.

E este aproximar-se do EU nada mais é do que dar mais atenção aos desejos vindos deste EU e confrontá-los com os sintomas que vivo quando preso ao temor de desligar-me das causas destes sintomas – que são os temores da não experimentação.

Exemplo: Reclamar de uma relação amorosa e até apontar as causas das dores e angústias que sente, mas não conseguir tomar a decisão que sabe ser certa, ou seja, o sujeito sabe onde está o espinho (o EU quer que este espinho seja retirado), mas permanece naquela relação reclamando e reclamando. Aqui o Cnc continua agindo porque o sujeito 'aceita' a condição de assujeitamento. Não tomar a decisão que sabe ser certa é recusar-se a tornar-se Cc – que significa tornar o Cnc a sua 'verdade'.

Outro exemplo pode ser compreendido na relação com os pais, onde a criança aprendeu que trazer para casa um lápis da escola ou um brinquedo de um colega é coisa feia e reprovável. Porém, certa vez os pais encontraram na sua mochila um brinquedo que não era seu. A criança levou broncas e apanhou, mesmo dizendo que não havia colocado o brinquedo ali. No dia seguinte, na escola, o menino descobre que o colega de classe trocou os brinquedos, ficando com o brinquedo do outro e colocando na mochila errada o outro brinquedo. Aqui o filho teria duas escolhas: 1) contar para os pais o ocorrido e enfrentar os fatos – para tornar-se Cc ou 2) calar-se por receio de apanhar ainda mais e permanecer Cnc, afinal, a 'verdade' seria a dos pais e não a dele.

Na ilustração abaixo trago a representação do mapa mental para explicar os movimentos dos conteúdos Cnc e Cc.

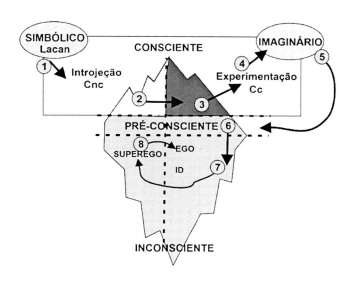

Movimentos dos conteúdos:

1 – Introjeções do externo – Simbólico de Lacan.

Tudo aquilo que é percebido ou introjetado vem do simbólico (externo). É um processo pelo qual a pessoa internaliza e incorpora um significado ou conceito em sua mente de forma profunda e pessoal. Ela absorve isso a tal ponto que toma para si como se tudo fosse seu, influenciando na formação da personalidade e do caráter, além de influir também nas suas crenças, valores e comportamentos. Tudo isso vai direto para o Cnc e passa a ser verdade absoluta na sua vida.

Dentre os conteúdos absorvidos ou introjetados ou apreendidos, estão:

a. Leis, regras e normas da sociedade,

b. Valores e crenças que podem limitar as ações,

c. Desejos que não são seus,

d. Necessidade de validação e de pertencimento,

e. Cultura, arte, convívio social,

f. Relações humanas,

g. Senso de família,
h. Castrações familiares,
i. Comportamentos éticos e morais,
j. Sensação de limitação no desbravar,
k. Dificuldade de ser ele mesmo,
l. Rotinas, repetições, repressões,
m. Sensação da não liberdade,
n. Medo da censura ou da reprovação,
Entre tantos outros.

Tais conteúdos integram o Cnc e passam a reger a sua vida e, de certa forma, tão naturalmente que muitos não percebem o tamanho do assujeitamento ao externo – ao qual se submetem, embora lá adiante, em algum momento, essa percepção acabe vindo à tona quando diversos sintomas começarem a aparecer.

2 – As informações apreendidas do externo habitam agora esta área do Cnc.

A vida passa a ser regida por estes conteúdos e todos os valores, crenças, ações, reações e comportamentos são dirimidos pelo que aprendeu do externo:

a. Castrações,
b. Orientações,
c. Leituras,
d. Aprendizados de múltiplas formas ou meios.

Essa situação vai até o momento em que o sujeito se percebe incomodado ou desajeitado em meio a tudo isso.

3 – Com o tempo (quando o sujeito decide mudar isso) os conteúdos Cnc passam a integrar o plano do Cc, porém, o sujeito, por alguma razão, precisa se incomodar ou sentir algum sintoma, algo que o perturbe neste estado Cnc.

Exemplo: 'aprendi assim, mas parece não estar certo' ou 'na verdade eu queria mudar isso' ou 'não quero fazer deste jeito' ou 'será que posso duvidar disso?'

Dentre os conteúdos que podem migrar do Cnc para o Cc, destaco:

a. Aprendi que não podia, mas agora sei que posso,

b. Por que eu tinha medo de fazer isso?

c. Disseram que era ruim, mas provei e vi que é bom,

d. Por que é proibido se tenho tanto desejo?

e. Falaram que era feio, mas gosto disso,

f. Parecia impossível, mas consegui facilmente,

g. Eu não provava porque disseram que era ruim,

h. Antes eu tinha medo de contestar,

i. Hoje eu sei que não era verdade,

j. Entre outros.

Perceba que para sair do Cnc é necessário que haja algum incômodo ou alguma perturbação ou alguma frustração ou desejo próprio e não do outro, e, a partir deste incômodo, provocar alguma ação no sentido de experienciar o antes aprendido, ou seja, comprovar (através do experimento) se o conteúdo Cnc é mesmo aquilo que devo seguir ou aceitar para a minha vida.

É neste questionar e experienciar que os conteúdos Cnc passam para o plano do Cc e, como já afirmei, tanto para ratificar ou para modificar as 'verdades' introjetadas do externo.

Cnc não ratificado pelo Cc:

a. Imaginei que a pimenta era ruim, mas gostei,

b. Eu acreditava que não conseguiria, mas consigo sim,

c. Putz, que mentira era isso,

d. Eu tinha medo de fazer aquilo.

Observe que todas as informações anteriores registradas no C e Pc (Freud) foram substituídas por novas informações e, com o tempo, chegarão também no Ic.

Cnc ratificado pelo Cc:

a. De fato, a pimenta é ruim,

b. Que pena, eu não consigo mesmo,

c. Tentei desmentir isso, mas era verdade,

d. Não aprendi a fazer e não vou fazer porque não sei.

Observe que aqui o Cnc compartilha as mesmas informações agora no Cc. O que antes fora introjetado ou vindo do externo, de fato, serve para mim.

4 – Se antes o sujeito agia de acordo com aquilo que introjetou do externo – dos conteúdos Cnc, e depois decidiu experienciar ou colocar em prática tais conceitos ou informações, e percebeu-se menos limitado ou capaz de desafiar-se ou contestar o externo, e sente-se bem assim, agora os registros imaginários também mudam porque a imagem ou impressão ou compreensão do simbólico foram alteradas, ou seja, antes o sujeito tinha tal interpretação de determinado símbolo – e criou aquela imagem daquilo, mas que o prendia. Agora, depois da experenciação, sua percepção do simbólico muda porque mudou a ideia que tinha daquilo.

Exemplo: antes o sujeito morria de medo de baratas porque aprendeu que o bicho era perigoso (ou por outro motivo), porém, depois de aproximar-se dela em terapia, percebe que consegue conviver com ela porque, de fato, não há perigo.

Neste caso o simbólico é a barata e a imagem o medo dela. Com o experienciar a imagem é desconstruída (ou modificada) e o simbólico, embora continue o mesmo (a barata), permite que o sujeito infira um novo sentido – que modificará a sua relação com o meio.

A mudança desta percepção pode levar o sujeito a desenvolver outro imaginário que o ajude a viver melhor, como, por exemplo, entender que é a barata que foge do homem e não o contrário.

5 – Com a mudança do imaginário – antes medo e agora ausência do medo, ou 'antes eu não podia e agora eu posso' ou 'disseram que era ruim, mas provei e gostei', o sujeito reduz o conteúdo do Cnc e aumenta o conteúdo do Cc, que, por óbvio, alteram os demais registros anteriormente assumidos ou controlados pelos conteúdos Cnc.

Se as novas experiências alteram os conteúdos do Cc, por certo, com o passar do tempo, os conteúdos do Pc também vão modificando porque as experiências mais recentes vão para o Pc e se tornarão facilmente acessíveis no dia a dia, ou seja, o medo desfeito no Cc estará desfeito no Pc.

6 – Ao longo do tempo, da mesma forma que ocorreu com os conteúdos Cnc introjetados desde a infância, os conteúdos Cc são levados para o Pc e vão gradualmente ocupando novo lugar também no Ic, mesmo que de forma lenta, porem contínua.

Em cada experiência o ciclo vai se repetindo, sempre que o sujeito decide experienciar ou colocar em xeque algum conteúdo Cnc.

Ressalva: se o sujeito se acomoda na dor provocada pelos conteúdos Cnc ou declina (pela resistência) da experenciação, este continuará com o Cnc imutável, porém, com todos os sintomas decorrentes dele, sem qualquer alteração no Cc.

7 – Com as alterações dos conteúdos Cnc levados ao plano do Cc modificados pela experenciação, e depois descidos ao Pc e aos poucos também ao Ic, por certo haverá nova percepção dos fatos, ou seja, se antes o sujeito não fazia algo em virtude de um medo ou proibição ou receio da censura ou da reprovação que foram adquiridos no processo da castração na infância, agora, depois da experenciação, o superego tende a modificar-se também, tornando-se menos proibidor, afinal, o sujeito o desafiou no processo da experenciação. Se antes o superego proibia, agora torna-se mais permissivo porque 'entendeu' que não houve danos ou perdas.

E a cada nova experiência todo o processo vai se repetindo.

8 – Com a mudança dos conteúdos Cnc agora Cc – que causavam dor no sujeito, e com a nova imagem criada a partir da experenciação – que também muda a inferência do simbólico e que, mais adiante, altera ou inibe um pouco a ação severa do superego, por certo que o ego (ou o sujeito), também se sentirá aliviado das tensões antes sentidas.

O superego vai se restaurando na medida em que novas experenciações forem feitas.

Com o superego mais flexível e menos rigoroso, as pulsões do Id passam mais facilmente por seu crivo, e que, evidentemente, alivia a tensão do sujeito (ego).

Aqui observamos que o superego inibidor é aquele que 'obriga' o sujeito a cumprir com os conteúdos Cnc, onde ele, o superego, prostrava-se como poderoso. No entanto, como é o sujeito, com as suas iniciativas e experenciações o único que pode 'enfrentar' o superego, deduz-se que sem uma ação/atitude efetiva não haverá mudança da dor e nem na psique.

A resistência em tornar O Cnc em Cc

A permanência no estado Cnc se justifica pelos temores registrados no próprio estado Cnc, ou seja, o medo ou a resistência, regem a vida do sujeito porque foi assim que aprendeu e assim foi constituído desde a infância. Temer as mudanças ou o enfrentamento é reflexo do aprendizado e da castração, sendo que esta, a castração, torna-se o elemento mais importante no sentido de não enfrentar os desafios ou para desbravar novos caminhos ou alternativas.

Em síntese a resistência se configura no conjunto de reações do paciente (ou analisando), cujas manifestações criam obstáculos para o processo psicanalítico. O sujeito se vê incapaz de reagir diante de um fato ou fala (dele mesmo) que o remeta ao um lugar de dor.

Dentre os comportamentos que revelam tais resistências, destaco os seguintes:

a. Receio de se escutar porque não deseja ouvir aquilo que dói – temor de aumentar ainda mais a dor,

b. Medo de quebrar as paredes que o aprisionam porque não conhece o que há lá fora, mas que representa a permanência no status quo,

c. Insegurança nas mudanças,

d. Medo da censura do analista,
e. Medo da reprovação ou do julgamento do analista,
f. Receio da autocensura,
g. Medo de interpretar os próprios comportamentos,
h. Omissão de pensamentos estranhos,
i. Não revelação dos sonhos,
j. Silêncio intencional para disfarçar ou confundir o analista,
k. Transferência negativa que agride o analista,
l. Faltas, atrasos ou adiamentos das sessões,
m. Fantasias ou mentiras para fugir dos reais fatos que incomodam,
n. Ganhos secundários que confundem o próprio sujeito,
o. Entre outros comportamentos observados nas sessões.

No entanto, são essas resistências que mantém o sujeito no estado de Cnc e, consequentemente, preso nos sintomas que o acometem.

Ele sabe que sente a dor, mas teme falar sobre isso. Sabe que precisa e que deseja mudar, mas fica sem ação efetiva. Sabe que escutar-se é um caminho importante, mas cala-se.

Perguntas que o sujeito deve fazer a ele mesmo quando percebe/sente que resiste ao processo psicanalítico:

A seguir dez perguntas clássicas que o sujeito deve (e precisa) se fazer para entender os motivos da sua resistência:

1. O que, de verdade, eu quero e desejo que mude na minha vida? Por que eu quero que mude? O que me incomoda hoje?
2. Por que eu busquei a terapia e, no entanto, resisto ao falar sobre mim?
3. Qual é a minha dor hoje? O que me preocupa de verdade? Por que não quero falar sobre isso?
4. O que eu sei que está errado? E o que eu preciso mudar? Eu quero mudar isso?

5. Por que eu acredito que algo está errado? O que está errado? Foi eu quem criei isso? Eu posso consertar isso? Eu quero consertar isso? O que posso fazer?
6. Eu tenho um problema que quero resolver? Qual é este problema? Por que ele me incomoda? Posso agir contra isso?
7. Eu sei que não quero estar neste lugar e até entendo que preciso agir, mas não consigo sozinho. Então por que me calo na terapia? O que eu temo?
8. Onde estão as coisas que me incomodam: na família, na escola, no trabalho, no casamento, nos amigos?
9. Se eu sei que não quero viver assim, por que insisto em permanecer aqui? Por que tenho aceitado essa situação de subserviência?
10. Eu tenho escolhido pessoas ou lugares ou me submetido a eles? Por que permaneço nestes lugares e com essas pessoas?

Claro que estas perguntas, mesmo que com outra cara ou versão, serão feitas pelo analista, então, antes de ir à sessão, é bom refletir um pouco para que as resistências baixem a fim de entregar-se verdadeiramente ao processo, afinal, muitos vão para a análise, porém, poucos entram verdadeiramente em análise.

Estar em análise é:

a. Baixar as resistências,

b. Permitir-se falar e escutar-se,

c. Falar livremente sobre o que sente,

d. Permitir que os conteúdos para análise fluam naturalmente, sem o desejo de filtrar ou de escolher as palavras,

e. Não construir discursos previamente,

f. Não ver o analista como alguém que o julgará,

g. Liberar os sentimentos.

Refém do Cnc pela resistência:

Diante da compreensão de que são os conteúdos do Cc que libertam ou que permitem um novo saber ou que esclarecem dúvidas ou que, de certa forma, libertam, compreende-se também que a resistência à mudança mantém o sujeito no Cnc, afinal, são estes conteúdos que o prendem e o tornam resistente e, por consequência, com muitos sintomas.

O trauma, a dor, a angústia, o sofrimento e demais sintomas estão no Cnc e deixarão de incomodar quando o sujeito decidir trazê-los para um novo lugar, para o Cc, e isso ocorrerá com a experenciação, com o enfrentamento, portanto, a resistência é o fator que impede essa mudança.

Ressalto, no entanto, que a resistência, embora disfarçada, se manifesta também de outras formas, como:

a. Acomodação ou preguiça,

b. Ganhos secundários,

c. Vitimismo (parecido com o hipocondrismo),

d. Neurose obsessiva cujo gozo está na dor,

e. Histerismo,

f. Neurose do fracasso – que dificulta a iniciativa,

g. Doutrinações ou ideologias que roubam a individualidade,

h. Entre outros.

A individualidade roubada:

E como entender a individualidade plena do sujeito? Quando o sujeito está plenamente liberto do outro? Penso que isso acontece quando o sujeito:

a. Pensa por si e não pelo desejo do outro,

b. Age de acordo com o que deseja,

c. Acredita naquilo que faz ou diz,

d. Se orienta por seus valores e crenças,

e. Desassujeita do externo,
f. Luta por sua liberdade de pensar e de agir,
g. Se torna consciente das suas obrigações e deveres,
h. Não se intimida com ameaças ou xingamentos,
i. Defende o certo e condena o errado,
j. Enfrenta o adverso sem temer represálias,
k. Entende sobre as suas responsabilidades,
l. Assume e traz para si os próprios entraves,
m. Não recua diante daquilo que acredita estar errado,
n. Defende o seu conceito de moral e de ética,
o. Defende a sua família, os seus amigos e as suas relações,
p. Se opõe contra aquilo que desconstrói,
q. Se posiciona diante do adverso,
r. Discute um tema sem agredir o seu interlocutor,
s. Sabe sobre si e sobre o que deseja construir,
t. Defende as suas convicções,
u. Não foge do debate saudável e produtivo,
v. Vislumbra para si a não dependência do outro,
x. Produz ao invés de reclamar da falta,
w. É autêntico nas exposições daquilo que pensa,
y. Entre outros comportamentos e atitudes que revelam a sua identidade e o seu caráter.

Nestes casos o sujeito se esforçou para modificar os conteúdos Cnc e por isso encontrou-se dentro de si mesmo, sem se permitir ser influenciado pelo externo.

E quando esta individualidade é roubada?

E quando entendemos ou percebemos que o sujeito perdeu a sua individualidade ou quando passa a agir de acordo com a proposta do outro? Acredito que identificamos isso quando o sujeito:

a. Defende o indefensável, como, por exemplo, alegar que a culpa pelo seu fracasso é sempre do outro,

b. Agride a crença ou valor do outro porque não construiu seus próprios valores,

c. Desconstrói aquilo que o outro construiu porque não se vê capaz de construir algo para si,

d. Fica cego diante do óbvio e defende o errado e condena o certo,

e. Inverte valores sociais e éticos,

f. Chama de bom aquilo que é nitidamente ruim,

g. Prega uma coisa, mas faz outra,

h. Segrega a sociedade para gerar o caos,

i. Promove discussões acerca de temas que se consolidaram ao longo do tempo, como: família, crenças, moral etc.,

j. Vive na dependência da aprovação do outro,

k. Incomoda-se pelo sucesso ou crescimento do outro,

l. Prega a paz, mas promove a guerra, inclusive a psicológica,

m. Deturba valores basilares da civilização,

n. Deseja para si aquilo que é do outro,

o. Não se dedica a construir, mas sim a destruir,

p. Fala sobre o que não entende e agride o interlocutor que pensa diferente,

q. Tem comportamentos esquisitos ao defender seus pontos de vista, como: depredação, promiscuidade, vilipêndio, profanação, destruição, perseguição etc.,

r. Promove a discórdia e não a união,

s. Aliena-se a uma doutrina ou ideologia que acredita defendê-lo,

t. Perde a noção de ser uno e entrega-se a comportamentos bizarros, como sair nas ruas latindo para ser reconhecido como cachorro,

u. Perda da noção da própria identidade, distorcendo-a,

v. Entre tantos outros tão comuns na contemporaneidade.

Claro que nestes casos o sujeito vive alienado ao externo e preso no Cnc, afinal, não se esforça para compreender ou discernir o certo do errado. A permanência neste estado o fortalece pelo aplauso do outro pertencente ao mesmo grupo.

Porém, em muitos desses casos evidencia-se alguns transtornos, dentre eles:

a. Déficit de cognição,

b. Distorção sobre si e sobre o outro,

c. Distorção da realidade,

d. Mania de perseguição,

f. Paranoia,

g. Esquizofrenia,

h. Entre outros transtornos psíquicos.

E, nestes casos, dificilmente o sujeito conseguirá alterar o estado Cnc, mesmo com terapia, afinal, transtornos psíquicos devem e precisam ter o acompanhamento psiquiátrico.

CAPÍTULO III

TRANSTORNOS PSÍQUICOS

E quais transtornos psíquicos acometem o sujeito ao ponto de alucinar nos discursos ou se comportar divergente da realidade? Estes transtornos impedem que os conteúdos Cnc se tornem Cc?

Primeiro que sim, os transtornos, como o próprio conceito sugere, provoca disfunção psíquica ou interpretação equívoca da realidade, ou seja, diversos tipos de transtornos, como os dissociativos, a psicose e a esquizofrenia, por exemplo, impedem o sujeito de viver a realidade tal qual ela é. Vivem dentro daquilo que acreditam ser certo, portanto, criam uma situação e desejam impô-la porque isso está no seu Cnc.

Vivemos momentos estranhos e bizarros que revelam claramente e sem nenhuma sombra de dúvidas estes fatos, como, por exemplo, a afirmação de que dois mais dois podem ser cinco ou que mulher tem próstata ou que homens engravidam e dão a luz ou se sei latir e lato, sou um cachorro porque me sinto um. Isso e, apenas a título de exemplo básico, não é caso para terapia, mas sim para a psiquiatria, porque:

a. Dois mais são quatro em qualquer lugar do planeta e nada altera isso. Discurso contrário é perturbação psicológica,

b. Homens têm próstata. Apenas machos têm próstata,

Mulheres engravidam e parem. Apenas as fêmeas têm útero e, portanto, a capacidade de engravidar.

c. O sujeito pode até imitar o latido de um cachorro ou o miado de gato ou até mesmo andar de quatro ou pelos telhados das casas, mas isso não o torna um cachorro e nem um gato porque continuará sendo um ser humano com transtornos neurocognitivos. Seu desejo de ser ou a sua identificação com tal bicho não altera a realidade, a naturalidade das coisas.

Apenas nos exemplos acima, tão 'discutidos' e 'problematizados' na contemporaneidade, revela-se o tamanho da elevação no número de transtornos observados, sejam os congênitos ou adquiridos através das doutrinações ou ideologias desconexas da realidade. São discursos sem conexão com a realidade ou que estabeleçam um mínimo diálogo com a Ciência ou a Biologia, portanto, defendê-los é revelar algum tipo de transtorno psíquico – com raiz numa falha neurocognitiva.

E quando falo em doutrinações ou ideologias, em nenhum momento entro no mérito dos partidos políticos ou tendências de esquerda, de centro ou de direita. Não é nada disso, afinal, os radicais e os que vivem com transtornos mentais estão por todos os lados e não apenas na política, mas na religião, na cultura, na arte, nas faculdades ou nas escolas, nas corporações, nas instituições, nos governos, na sociedade em geral. Hoje já conhecemos (diagnosticados) mais de trezentos tipos de transtornos mentais.

Pertencer a um grupo político – de qualquer tendência – é natural e bom que as pessoas o façam porque é assim que se constrói uma sociedade saudável com boa relação entre as pessoas. Discutir as ideias e aceitar a opinião do outro – quando isso não fere a percepção racional da coisa, é salutar porque promove o crescimento pessoal.

O portador de um transtorno neurocognitivo que prega ou que dissemina ideias desconexas da realidade não precisa necessariamente fazer parte de uma agremiação de qualquer natureza, porém, eles crescem e se multiplicam quando se valem destas agremiações para dar voz às suas ideias. Quando juntos no mesmo grito eles se fortalecem (fazem barulho) e acreditam cada vez mais naquilo que pregam porque suas vozes ecoam no outro que brada a mesma coisa, fortalecendo--os nos transtornos que não reconhecem em si mesmos. Tais ideias ganham força e passam a fazer parte do Cnc, uma vez que, devido o transtorno, não conseguem vislumbrar a experenciação da 'tese' que defendem, portanto, esses conteúdos jamais passarão para Cc.

A seguir alguns tipos de transtornos que podem levar o sujeito a se desconectar da realidade:

a. TDC – Transtorno dissociativo de cognição.

O sujeito apresenta alterações na consciência, na memória, na identidade, na emoção, na percepção do ambiente, no controle dos movimentos ou comportamentos.

O sujeito perde a noção sobre as coisas e sobre si mesmo, causando uma confusão mental que o leva a proferir discursos ou a se comportar de forma estranha e bizarra, com sinais de confusão mental.

b. TDI – Transtorno dissociativo de identidade.

O sujeito passa a agir de forma a demonstrar duas ou mais identidades e isso ocorre devido as perturbações no seu senso de ser e de atuar. Perde a noção de si e apresenta lapsos de memória e altera rotinas diárias.

O sujeito tem dificuldade de se identificar ou de se posicionar diante da sociedade. Tem comportamentos bipolares e mostra-se inseguro diante das situações mais corriqueiras. Na verdade, não consegue se identificar como de fato é.

c. TDP – Transtorno dissociativo de personalidade.

O sujeito muda abruptamente o seu comportamento, ora se mostra desse jeito e ora doutro jeito. Prostra-se como sabedor de algo e noutro momento desconhece ou não ratifica o que disse. Perde argumentos e agride a quem diz algo que não lhe agrade.

A causa, quase que invariavelmente, são traumas opressivos na infância e, com o tempo, podem deflagrar em ansiedade e depressão.

d. PSICOSE.

O sujeito não sabe enfrentar a realidade e a afronta o tempo todo. Cria situações para se justificar nas posições e posturas que assume e não admite normas ou regras, afinal, ele não aceita os fatos tais quais eles são.

Tecnicamente podemos definir o comportamento psicótico como um estado mental de perda de conexão com a realidade, que pode resultar em alucinações, mudanças de personalidade, desordem nos pensamentos, delírios, dificuldade nas relações interpessoais e dificuldade de lidar com as tarefas mais simples e intolerância com o adverso.

    e. ESQUIZOFRENIA.

É um transtorno mental que se caracteriza pela perda de contato com a realidade (psicose), alucinações (pode ouvir vozes e ver coisas ou fantasiar situações), falsas convicções (defender o indefensável - delírios), comportamento ou pensamento anômalo (afrontar a Ciência, por exemplo), redução das demonstrações de emoções (o outro nunca tem razão), entre outros não naturais ou normais.

O sujeito não sabe ou não consegue viver na realidade ou manter boas relações interpessoais e, para fugir disso, cria a própria realidade e nela passa a viver.

    f. Entre outros transtornos neurocognitivos.

Tais transtornos impedem ou dificultam a catarse e/ou ab-reação e, por isso, permanecem no estado Cnc.

Ab-reação e o fortalecimento do Cc

Primeiro vamos entender o significado ou conceito de ab-reação:

a. É uma ação emocional e inconsciente onde o sujeito tem em resposta a algo que traz de volta uma situação traumática dolorosa experimentada no passado. Pode ser algo do qual o sujeito se lembra ou que surge de repente na consciência durante a ab-reação.

b. Reaparição consciente – diante de uma situação ou gatilho - de sentimentos até então recalcados, uma espécie de flash que revela que aquilo que doía não dói mais.

c. Descarga emocional pela qual o sujeito se liberta do afeto ligado à recordação de um acontecimento traumático.

d. No momento do afeto (trauma) não houve a reação necessária àquilo e o sujeito ficou preso àquele momento e, na ab-reação, liberta-se do afeto que perdurava até então.

Ao libertar-se do afeto do passado, que é livrar-se daquilo que o afetava negativamente, o sujeito passa a ter nova percepção do evento passado e torna este conteúdo Cc, percebendo-se livre do trauma. É um movimento de transformação da dor em novo sentimento, agora não doído. É a ressignificação almejada na psicanálise.

Trauma/dor   O que posso fazer?   Ressignificação

Na ilustração acima, como se fosse uma catarse que leva à ab-reação, vemos o sujeito que sofre pelos conteúdos passados e, ao trazer isso na sua terapia, e considerando-se as perguntas e devolutivas do analista, o sujeito passa a refletir e a falar sobre tais traumas, tornando-os Cnc.

Refletindo, pensando e falando sobre isso, o sujeito passa a se questionar sobre:

a. O que posso fazer para mudar isso?

b. Por que não me movo no sentido de evitar essa dor?

c. Como devo agir agora que sei?

d. Quais passos dar agora?

E neste questionar-se o sujeito vai (lentamente) movendo os conteúdos Ic trazendo-os para o plano Cnc, ou seja, passa a identificar a causa da dor, afinal, ele conhece os sintomas.

Na ab-reação o fenômeno ocorre majoritariamente de forma inconsciente ou (quase) involuntária, como num estalar de dedos, porém, com os conteúdos trazidos para Cnc, o movimento da 'cura' passa a ser de domínio do sujeito – que sabe a causa e que conhece a dor -, cabendo a ele agora dar a destinação que aguentar: enfrentar e suportar o desconforto de falar sobre aquilo incessantemente até a elaboração – transformando o Cnc em Cc, ou entregar-se aos sintomas e, neste caso - viver no gozo da dor, e aqui estaríamos falando em obsessão, histeria, dependência emocional e outras neuroses contra as quais o sujeito não atingiu o estágio necessário para lidar com isso, numa espécie de aprisionamento.

O sujeito aprisionado na dor

São muitas as possibilidades de o sujeito encarcerar-se na própria mente (prisão mental) que o remete a estados de sofrimento e de dor, como nos neuróticos obsessivos, por exemplo – que encontram o gozo no pensamento acelerado e na ansiedade.

Os conteúdos Cnc – que foram introjetados e apreendidos ao longo da sua vida, o remetem para este lugar, donde ele deseja, mas não consegue sair. São situações diversas:

a. Reclama do ambiente do trabalho, seja do cargo em si ou dos colegas ou da chefia ou da falta de perspectivas de crescimento profissional ou do salário ou do ambiente etc., porém, permanece no gozo da reclamação, sem ação efetiva para sair dali.

b. Reclama da família porque dizem que tudo é culpa dele ou porque as tarefas sempre sobram pra ele ou que faz tudo errado ou que tem que cuidar de tudo sozinho, e, no entanto, sem ação efetiva para mudar tal situação.

c. Reclama do marido ou da esposa dizendo que não é valorizado ou que não é ouvido ou que suas vontades não são consideradas ou que não tem poder de decidir nada ou que é só a vontade do outro que prevalece etc., porém, permanece no relacionamento.

Reclama dos amigos, do clube, da escola etc., alegando que ninguém o ouve ou que suas ideias não são aceitas, mas fica ali vivendo isso.

Perceba que em todos os exemplos o sujeito relata a sua dor e traz os motivos, demonstrando estar consciente de que sofre e que precisa mudar, porém, tais conteúdos estão claramente no Cnc porque recusa-se a trazê-los para o Cc. Mas há explicações para isso:

a. Pode ser dependência emocional,

b. Dependência financeira,

c. Medo das mudanças,

d. Ganhos secundários,

f. Desejo de que o outro 'adivinhe' sobre a sua dor,

g. Desejo que o outro mude.

Neste aprisionamento mental o sujeito fica restrito às suas crenças, aos preconceitos e aos pensamentos que bloqueiam a sua libertação. Ele teme fracassar e gerar no outro a impressão de que é fraco ou incapaz, e por isso este outro sentiria por ele uma espécie de ódio ou de repulsa ou de pena, e são estes pensamentos destrutivos (obsessivos) que geram a frustração, e esta frustração o faz crer que a solução está no outro e não nele. O sujeito vive uma espécie de neurose do fracasso (ou destino), tipo:

a. Nasci assim e assim tem que ser,

b. Nasci pra não dar certo,

c. Sou e serei sempre pobre,

d. Vivo doente e sem disposição pra nada.

E nestas situações o sujeito acaba por exasperar-se nos brados que revelam (ou que ele tenta revelar) quando grita que não está bem ou que sofre naquela situação, como que se justificasse ou tentasse explicar ou provar ao outro que não é culpado ou responsável por aquela situação. Que é o outro que causa a dor e o sofrimento – quase que como um pedido de socorro, mas sem a ação necessária para sair deste lugar. É aqui que percebemos que os conteúdos Cnc o controlam, afinal, evita a experenciação ou a tentativa de experienciar, e assim permanece.

Na verdade, pelo menos é a impressão que tenho observando os comportamentos dos pacientes anos a fio, há no sujeito aprisionado na dor o desejo de que o outro mude, que o outro tenha pena dele, que o outro se curve a ele, que o outro se enxergue como errado, que o outro reconheça que o submete ou que o outro lhe estenda a mão.

Tal comportamento assemelha-se ao hipocondrismo, que embora tema ficar doente e previna-se contra isso com a automedicação (que não é aconselhável), o sujeito aprisionado na dor comporta-se de forma a chamar a atenção do outro. Isso significa que há aí uma espécie de delegação da felicidade, ou seja, *"só serei feliz se o outro olhar para mim e me acolher"*. Uma severa dependência emocional, esperando lá de fora, quando o movimento deveria ser de dentro para fora.

Em situações assim o sujeito fica limitado aos conteúdos Cnc.

De dentro para fora

Os conteúdos Cnc, como já vimos, são aqueles introjetados e apreendidos ao longo da vida, decorrentes do imaginário criado a partir do simbólico – vindos de fora para dentro, e que passam a reger as decisões do sujeito. São as regras, as normas, as castrações, os temores e medos, o conceito do certo e do errado etc.

Se estes conteúdos estão fixados no Cnc e se o sujeito age e reage de acordo com eles, então está subserviente a eles. É uma posição de obediência porque aprendeu assim, porém, com o tempo, surgem os sintomas decorrentes desses conteúdos reprimidos (desejos não realizados) que passam a incomodar o sujeito. Tais incômodos, os sintomas, levam a pessoa ao estado de:

a. Incertezas,
b. Tristeza,
c. Angústia,
d. Melancolia,
f. Frustração,
g. Decepção,
h. Insônia,
i. Ansiedade,
j. Descontrole emocional,
k. Má relação com a comida,
l. Pensamentos obsessivos,
m. Compulsão,
n. Surtos psicóticos,
o. Neuroses diversas.

Portanto, são estes sintomas que revelam a insatisfação do sujeito por estar agindo de acordo com os comportamentos atrelados aos ensinamentos vindos lá de fora.

E chega um momento em que o EU grita forte porque não aceita mais ser assujeitado e não quer mais:

a. Aceitar as decisões do outro,
b. Calar-se quando deseja falar,
c. Reprimir desejos ditos incorretos,
d. Curvar-se diante do outro,
e. Omitir opiniões para não desagradar,
f. Acatar as ordens recebidas,
g. Ser subserviente,
h. Engolir goela abaixo aquilo que não quer para si,
i. Ser controlado ou manipulado,
j. Ser diminuído na relação,
k. Sentir-se humilhado,

l. Incapaz de reagir,
m. Não ser reconhecido.

E quando começa este movimento 'não quero mais isso para mim', o sujeito inicia o processo de reflexão e de enfrentamento rumo a experenciação, seja no processo de análise pessoal ou por si, e assim, há uma inversão de energia psíquica que passa a direcionar a atenção e o foco no interno a fim de mirar o externo. É o agir de dentro para fora.

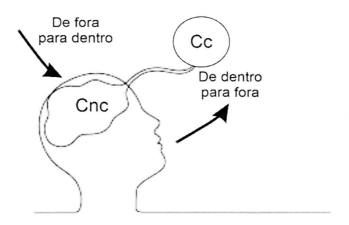

Esse movimento direcionado ao externo, através da experenciação; do provar; do testar; do experimentar; do comprovar; do desafiar e do confrontar, provoca no sujeito, além de certo desconforto, a sensação de que viola algumas leis ou que age de forma equivocada, afinal, ainda está preso as normas e regras contidas no Cnc, como ocorre durante as terapias - aquilo que chamamos de resistências do paciente, porém, na medida em que a ação começa a ganhar força e intensidade (esforço no sentido de mudar algo interno), e as resistências vão diminuindo, o sujeito ganha confiança e energia psíquica para não desistir, como ocorre durante as sessões na associação livre de ideias.

Na medida em que a resistência diminui, numa sessão de análise pessoal, flui o conteúdo do Ic para o C, assim como ocorre agora com os conteúdos Cnc, que aos poucos vão sendo direcionados ao externo (experenciação) a fim de, mais tarde, ocuparem o Cc.

A seguir alguns exemplos de conteúdos Cnc que migraram para o Cc após o enfrentamento do sujeito.

1. O pai explica ao filho de três anos que aquilo é uma tomada e que lá dentro há fios e que estes provocam choque elétrico e que isso é doído e perigoso, por isso o proíbe de colocar os dedos ali.

A criança escuta o pai e não põe o dedo lá porque ficou assustada com o perigo iminente. E cria a imagem de tal perigo. E com essa informação (conteúdo Cnc) – aprendeu que há perigo na tomada.

No entanto, com o passar dos dias, a criança reflete e descobre que não sabe o que é tomada nem o que são os fios e que desconhece a sensação do choque. E fica curiosa, como qualquer criança.

Num determinado momento decide desafiar o pai porque quer comprovar ou descobrir por si o que seria esse tal de choque, e então coloca o dedo na tomada e experimenta um baita choque que lhe traz a sensação de dor e de desconforto, uma experiência horrível. Agora as informações do pai – antes no Cnc, tornam-se Cc porque ele experienciou. O filho ratificou ou confirmou ou validou o Cnc que agora é Cc.

Digamos que agora o pai, num momento de insensatez, diga ao filho para colocar o dedo na tomada. Ora, certamente a criança não fará isso porque já sabe o que significa o choque e que a sensação não é agradável.

Então, se antes o pai o proibiu e ele decidiu 'desobedecer' (descobrir por si) e agora lhe é permitido, e ele não quer, vemos claramente que a criança passou a agir de acordo com o seu desejo e não pelo desejo do pai, afinal, se antes era proibido, mas a criança fez, e agora que é permitido, a criança não faz, isso significa que através da experienciação a criança cria conteúdo Cc para decidir por si e não pela vontade do outro. E este processo de dentro para fora pode se repetir ao longo da vida, sempre que algo incomode o sujeito.

2. Papai sempre disse que a pimenta é uma delícia e a mamãe odiava porque ardia a garganta e lhe causava irritação. Eu cresci com essa dúvida na cabeça sem saber ao certo o que falar sobre a pimenta.

Quando alguém falava que a pimenta era gostosa, eu afirmava citando o meu pai que adorava também. E quando alguém dizia que era horrível, eu também concordava citando a minha mãe.

No exemplo acima vemos o sujeito dividido entre duas opiniões distintas que o levava a ter dúvidas em relação ao real sabor da pimenta.

Certo dia, num restaurante com amigos, percebeu que alguns pediam pimenta para realçar o sabor da comida, e isso lhe despertou certo interesse, mas se lembrou que a mãe dizia que aquilo era horrível, porém, ao observar os amigos enaltecendo aquele sabor especial da carne, decidiu provar um pouco. E colocou apenas um pingo sobre um pedaço de carne. Titubeou um pouco, cheirou, olhou para os lados e, por fim, levou à boca, mastigou e engoliu. Esperou alguns segundos e não sentiu nada que o desagradasse, e então colocou mais um pouco noutro pedaço de carne. Comeu e, desta vez, sentiu algo diferente, mas que lhe agradou ao invés da repulsa. Depois pingou pimenta pelo prato e sentiu sensação de prazer.

Neste caso observamos que o sujeito viveu boa parte da vida com conteúdos Cnc que causavam nele grande dúvida sobre uma questão tão simples: pimenta é bom ou ruim? Para elucidar essa dúvida dependia apenas da sua decisão pela experenciação.

Agora ele sabe que a pimenta tem sabor agradável e, com isso, apaga do Cnc a ideia de que aquilo poderia ser ruim e, ao mesmo tempo, cria no Cc a própria percepção sobre o verdadeiro sabor da pimenta, deixando de 'repetir' a opinião do outro. Agora ele está desassujeitado e age por si.

3. A moça se casa e tem muita dificuldade no sexo. O marido reclama da sua frieza e isso a incomoda. Ela quer ser mais 'quente', mas uma 'voz' lhe diz para ser pura e não depravada na cama. Ela tenta e tenta, mas, segundo sua fala, 'pareço mulher de plástico', sem entusiasmo ou coragem para fazer aquilo que as amigas me falam ser bom e gostoso. "*Eu quero, mas não tenho coragem*" - disse ela. "*Se eu fizer talvez ele* (o marido) *pense que sou puta*" – concluiu numa das sessões. Noutra sessão murmurou: "*preciso ser mariana se não a minha mãe me mata*".

*ser mariana é agir como Maria, a mãe de Jesus, que era pura, virgem e santa, portanto, 'ingênua' na cama.

Bem, aqui parece estar claro que a paciente foi castrada severamente ao ponto de acreditar que teria que ser pura e inocente ou que o sexo é coisa feia e de gente depravada ou imoral. Ela criou essa imagem no Cnc.

Claro que foram muitas sessões e elaborações, ufa!

Conversas abertas com amigas, acompanhamento com sexóloga, massagem tântrica, autoerotização ... e muita análise pessoal. Até que, através da insistência e da experenciação, seu fogo acendeu e tudo mudou.

Como você já aprendeu sobre os conteúdos Cnc e sobre como eles atuam em nossas vidas, agora você já percebe que a sua castração – conteúdo vindo de fora para dentro e que impuseram a ela comportamento mariano – agora, depois da experenciação – que ocorreu de dentro para fora com o enfrentamento do medo ou do desafio, a moça conseguiu ressignificar aquilo que estava no seu Cnc e criar nova informação no Cc, mudando o seu comportamento radicalmente.

O conteúdo Cnc a cerceava. Hoje o conteúdo Cc a permite.

4. Outro exemplo prático da anulação do Cnc para viger o Cc é o aprendizado da criança para andar de bicicleta, ou em alguns casos, até mesmo do adulto.

Antes do aprendizado há medos e muita insegurança e pensamentos negativos: *"vou cair"*, *"será que vou aprender"*, *"será que consigo"*, *"é perigoso"* etc. Porém, depois do aprendizado, o sujeito perde os medos e cria no Cc a sensação do saber e do prazer que o hábito proporciona, e, mesmo ficando anos sem andar de bicicleta, a pessoa consegue sair com ela sem qualquer temor ou risco maior de acidente porque o *'sei andar de bicicleta e sei me equilibrar'* está registrado no Cc.

Portanto, o conceito de dentro para fora está na ação do sujeito, na sua curiosidade, na sua capacidade de desafiar-se e enfrentar os fantasmas que o atormentam.

Para isso ele precisa da ajuda de um profissional da saúde mental, como um psicanalista, por exemplo.

CAPÍTULO IV

SER PSICANALISTA

O psicanalista atende os pacientes aplicando ferramentas e técnicas psicológicas e sua principal atribuição é desvendar o inconsciente a fim de auxiliar na resolução dos traumas, dos medos, das dores e das angústias. Alguns profissionais, com o tempo, acabam por desenvolver técnicas próprias que podem ou não serem seguidas por outros, porém, a teoria basilar de Freud sempre irá permear a ação dos psicanalistas, afinal, o inconsciente sempre será o alvo da insistente investigação do analista, podendo, eventualmente, valer-se de métodos peculiares a sua experiência para tratar de casos cujos sintomas decorrem de traumas recentes ou de situações pontuais que exijam solução mais imediata, como:

a. Luto,

b. Travamento da ação em função de experiência negativa,

c. Fobia cuja origem é recente,

d. Dificuldades na relação interpessoal,

f. Relações amorosas,

g. Conflitos laborais,

Entre outros cujo diálogo é (e deve ser) mais direcionado ao plano da consciência. Uma técnica mais dirigia e aplicada.

Para Freud o psicanalista precisa se abster de todas as suas influências conscientes e desenvolver a habilidade ou capacidade de prestar atenção nos possíveis caminhos que conduzam o paciente ao seu inconsciente, não podendo haver interferência do analista – a contratransferência. E isso nos leva a refletir sobre o que pensa Lacan quando se refere ao trabalho do psicanalista, que deve se limitar a um vazio de si ao permitir que todo o espaço seja ocupado pelo paciente, cabendo ao analista valer-se dos cortes para intervir no discurso do analisando. Nasio afirma que a relação entre analista e analisando, respeitando-se as técnicas basilares, produz feitos de diminuição e até do desaparecimento dos sintomas do paciente, desde que o analista se coloque no seu lugar de escutador. Winnicott afirma que *"a existência humana parte da não integração primária e da dependência absoluta, sendo o processo de amadurecimento humano fruto da tendência ao crescimento e à integração dos vários aspectos da personalidade, que deverá adquirir o estatuto de unidade psicossomática no tempo e espaço"*, e isso significa que cabe ao analista desvendar os processos e a ambiência desta evolução bebê/criança/adulto. Jung, por exemplo, criador daquilo que hoje conhecemos como psicologia analítica, preocupava-se com a integração dos aspectos inconscientes à consciência, cujo objetivo é trazer o equilíbrio e o bem-estar ao sujeito, resgatando a sua essência ou ajudando-o a viver de acordo com aquilo que ele realmente é.

Se para Jung a preocupação é integrar aspectos inconscientes ao consciente a fim de resgatar a essência do sujeito e se para Freud trazer os conteúdos inconscientes para a consciência ajuda o paciente a ressignificar fatos do passado, então, transformar os conteúdos Cnc em conteúdos Cc é a aplicação continuada daquilo que já conhecemos, ou seja, se o analista ajuda o seu paciente a evocar os conteúdos inconscientes a fim de torna-los conscientes, e, se neste lugar nem sempre o objetivo é alcançado porque os sintomas continuam presentes, deduz-se que (apenas) vir para o consciente não bastou e que há mais a ser feito porque tal conteúdo ainda é Cnc. E o que falta para que, estando consciente o que era inconsciente, o sujeito consiga a 'cura' ou minimize significativamente os sintomas? Ora, basta apenas que o Cnc se torne Cc. E como o analista pode ajudar neste processo?

Se Lacan diz que os conteúdos para a constituição do sujeito vêm de fora – através da linguagem – por certo, e como ele mesmo afirma, haverá de ser pela mesma linguagem que tais conteúdos se tornarão Cc.

Linguagem é tudo aquilo que absorvemos do externo e a maneira pela qual nos manifestamos, portanto, é pela linguagem que o Cnc é constituído e, por óbvio, através dela que os sintomas aparecem. É a linguagem do discurso que pode revelar significantes do paciente e que, por certo, nem sempre tais significantes serão decodificados pelo analista tão rapidamente (ou acertadamente). E é por isso que cabe ao analista insistir na investigação e, de certa forma, provocar o paciente a enfrentar seus sintomas de forma mais 'consciente' possível, e esse 'mais consciente possível' significa que o instigar do analista pode e deve provocar no paciente certo grau de desconforto e até de descontentamento, afinal, de alguma forma, ele resiste e vale-se de mecanismos de defesa para manter o Cnc o mais intacto possível, afinal, sair dali requer coragem, esforço e muito desejo de mudar, porém, este desejo de mudar, como afirma Freud, pode ser menor do que a dor presente. Portanto, em primeiro lugar, o analista precisa entender o lugar d'onde o paciente não quer sair e a razão por escolher ficar ali, mesmo que o discurso difira do desejo manifesto na fala. Lacan chama atenção para que o analista se pergunte: 'o que há por trás disso?'.

Durante uma sessão o meu analisando, o Eduardo – que é psicanalista, disse o seguinte: *"há momentos em que sinto a necessidade de flertar com a sugestão para que meu paciente acorde e enxergue aquilo que para mim está óbvio"*. E gostei desse pensamento, afinal, é isso que o analista faz o tempo todo, seja perguntando ou devolvendo ou provocando ou insistindo:

a. Por que você insiste nisso?

b. E o que você pode fazer para mudar isso?

c. E se você mudasse a forma de reagir?

d. Já pensou que o outro pode estar apenas reagindo?

e. Por que você não quer sair deste lugar?

f. Por que não quer abrir esta porta?

g. O que isto significa pra você?

h. E qual o caminho que deseja seguir?

i. O que está ruim?

j. O que te move e o que deseja de fato?

Entre outros questionamentos cujo objetivo é levar o sujeito a refletir de forma que provoque nele o desejo de mudar ou de enfrentar a situação que o incomoda.

Ressalto, no entanto, que este flertar com a sugestão não é a mesma coisa que sugerir diretamente ou ditar comportamentos, como: faça assim ou mude isso ou reaja deste jeito ou separe-se ou peça demissão etc. Isso fere uma das regras basilares do exercício da profissão do psicanalista, que é a neutralidade.

E, neste sentido, e considerando-se a fragilidade e o estado emocional abalado do paciente quando busca por ajuda psicológica, o analista precisa se conter para não o induzir a fazer aquilo que é vontade do analista e não dele. O paciente está ali susceptível e pode sim se deixar influenciar e passar a agir de acordo com as crenças e os valores do analista e não dele. E mais tarde o paciente pode se tornar dependente emocional do analista, então, por certo, este não é o papel do psicanalista, aliás, é o contrário, que é libertar o sujeito da dependência emocional ou do assujeitamento.

Este flerte com a sugestão é uma ferramenta importante porque o analista pode valer-se dela em situações pontuais a fim de provocar no paciente uma espécie de autodesafio, como:

a. Você não se considera capaz?

Aqui sugere-se que ele se veja forte o bastante para enfrentar a sua dor, além de fazê-lo acreditar que é sim capaz de sair daquela situação angustiante. É fazê-lo entender que a dor é dele e que somente ele pode combatê-la.

b. Você quer ficar neste lugar?

Aqui sugere-se que ele reflita profundamente sobre a dor que sente estando ou permanecendo ali. A proposta é despertar o desejo da mudança. É fortalecê-lo no propósito de sair daquele lugar que lhe traz angústia.

c. Por que tem medo de descobrir a verdade?

Aqui sugere-se que ele enxergue a coisa do jeito que ela é, que arroste a dor, que entenda a sua responsabilidade sobre aquilo. É fazê-lo encarar o problema e não fugir dele.

d. Se você quer, por que não tenta?

Aqui sugere-se que ele pense sobre o seu real desejo e que isso o motive a desafiar-se e a mover-se no sentido do enfrentamento da situação. É assegurar que ele consegue, mas que precisa mover-se.

e. O que exatamente o impede de fazer isso?

Aqui sugere-se que ele reflita sobre os seus temores e fraquezas. A ideia é que ele se fortaleça e dê atenção para a solução e não para o problema.

Entre outras 'sugestões' que provocam no sujeito uma certa insatisfação ou até repulsa pelo analista, mas que depois despertarão nele uma profunda reflexão. E é esta reflexão profunda que pode ajudar o paciente a ter alguma inciativa no sentido de remexer o Cnc a fim de entendê-lo e, com a experenciação e enfrentamento, torná-lo Cc.

O psicanalista tem papel fundamental neste processo de ressignificação do paciente – que é fruto do seu pensamento e da sua forma de imaginar-se, porém, precisa valer-se de ferramentais adequadas, além de intervenções no momento certo:

a. Acolhimento humanizado,

b. Atenção flutuante,

c. Perguntas pontuais,

d. Devolutivas adequadas,

f. Cortes apropriados que levem o sujeito à reflexão,

g. Mais do que empatia, precisa ser 'simbiótico',

h. Paciência e insistência,

i. Instinto investigador,

j. Percepção da comunicação não verbal,

k. Decodificar o silêncio ou as lágrimas,

l. Perceber a motivação da dor.

A contemporaneidade exige do analista mais do que conhecimento teórico, afinal, as implicações são outras e, por certo, a abordagem e a metodologia devem ser aprimoradas a cada dia.

O bom psicanalista não é alguém que devorou todas as obras dos grandes autores ou que sabe de cor todos os conceitos, mas aquele que se aprimora e que se autodeclara dia a dia enfrentando o divã. É estando em análise pessoal que o bom psicanalista se fortalece e reúne competências para cuidar da dor do outro. Sem análise pessoal não há bom analista. Em cada sessão da minha análise pessoal eu me descubro e evoluo, e sempre me questiono antes: vamos lá para saber o que tenho a me dizer hoje!

O bom psicanalista precisa considerar várias hipóteses do paciente:

a. Seus sintomas decorrem de quais traumas?

b. Seu discurso revela quais significantes?

c. Sua queixa é uma dor ou um gozo?

d. Sua falta é real ou fantasia?

f. Sua angústia tem nome ou decorre de um grande vazio?

g. Quais são as suas crenças e valores?

h. No que ele acredita?

i. A partir de quais simbólicos formou-se o seu imaginário?

j. Como esse imaginário interfere nas suas decisões?

k. Por que ele escolhe o caminho da dor?

l. Se sabe como agir, então por que insiste neste erro?

m. Quais são seus arquétipos?

n. Sua fé e sua espiritualidade?

Enfim, o psicanalista precisa considerar e compreender muitas variáveis do paciente para buscar um caminho que desvende os seus significantes, afinal, são estes os caminhos que ele criou no seu Cnc e, como afirma Lacan, devem ser os mesmos caminhos que o ajudarão a sair daquele lugar de dor. Isso acontece através da linguagem ou fala livre ou associação livre.

Um sujeito que acredita em Deus, por exemplo, age e reage diferente de um ateu diante de algumas situações, assim como os que acreditam em benzimentos, umbanda, espíritos, curandeirismo ou milagres. A fé ou crença é discussão há séculos nos meios acadêmicos e, inclusive, na saúde pública, afinal, ouvimos relatos de curas surpreendentes quando não havia mais esperança de vida. Muitos afirmam que, mesmo desenganada pelos médicos, tal pessoa se curou pela fé em Deus, porém, sem entrar no mérito da fé em si, mas falando sobre ela de outra forma, a fé é sim um fator que precisa ser trazido à mesa porque, historicamente, sabemos da sua influência nas civilizações.

Fé ou crença é algo que ocorre na mente do sujeito. Ele acredita. Ele move isso. Ele direciona isso. Ele vive isso no seu dia a dia, portanto, considero que este pensar (fé ou crença) traduz-se numa energia interior – que Freud certamente chamaria de pulsão. E esta pulsão direcionada a um desejo de cura reveste o sujeito de grande espiritualidade que o transforma interiormente e muda:

a. A forma de pensar,

b. A forma de agir,

c. A forma de reagir,

d. A forma de interagir,

e. A forma de refletir sobre determinada situação.

Acredito que é esta energia (pulsão), esta espiritualidade e este desejo de encontrar uma saída que fazem com que o sujeito acredite e, acreditando, mova-se neste sentido. Se a dor está dentro dele, então a força ou crença de que pode se curar virá de dentro para fora – que é a mudança.

Fé e Espiritualidade

Creio ser importante aprofundar um pouco mais a respeito disso porque em praticamente todos os atendimentos aparecem discursos assim: *"Tenho muita fé em Deus"* ou *"Só Deus para me ajudar"* ou *"Preciso voltar a frequentar missa ou cultos"* ou *"Vou procurar um centro espírita"* ou *"Acho que estou sob efeito de magia negra"*, entre outros.

Fé e espiritualidade são conceitos intrinsecamente ligados à experiência humana e têm desempenhado papéis significativos em diversas culturas e sociedades ao longo da história. Embora frequentemente associados à religião, esses termos podem ter significados distintos para diferentes pessoas.

Fé em um sentido geral, refere-se à crença em algo que não pode ser comprovado empiricamente. Pode envolver confiança, devoção e convicção em ideias, valores, pessoas ou entidades transcendentes. A fé pode ser religiosa, como a fé em Deus ou em ensinamentos espirituais, mas também pode se estender a conceitos mais amplos, como a fé na humanidade, na justiça ou em princípios éticos.

Espiritualidade é uma dimensão da experiência humana que se relaciona com a busca de significado, propósito e conexão com algo maior do que o eu individual. Enquanto a religião muitas vezes fornece um contexto institucional para a expressão da espiritualidade, ela pode ser experimentada de várias maneiras, incluindo práticas religiosas, meditação, contemplação da natureza, arte, música e outras formas de busca interior.

A espiritualidade muitas vezes envolve uma jornada de autoconhecimento, crescimento pessoal e desenvolvimento moral. Ela pode fornecer suporte emocional, conforto em tempos de dificuldade e orientação para questões existenciais, como o propósito da vida e o significado da morte.

É importante ressaltar que a fé e a espiritualidade são experiências profundamente pessoais e podem variar amplamente entre os indivíduos. Algumas pessoas encontram significado e conexão espiritual dentro das tradições religiosas estabelecidas, enquanto outras seguem caminhos mais pessoais e ecléticos. Além disso, muitas pessoas identificam-se como espiritualmente engajadas, mas não necessariamente religiosas.

No mundo contemporâneo há um interesse crescente na espiritualidade como uma dimensão importante da saúde mental e do bem-estar, com muitas pessoas buscando práticas e abordagens espirituais para cultivar um maior senso de paz interior, resiliência e harmonia consigo mesmas e com o mundo ao seu redor.

Vejamos alguns desses conceitos:

I – CRENÇA EM DEUS:

Para Freud, a crença em Deus é sustentada pela força da imagem mnésica do pai e pela sua necessidade de proteção. Essa crença é tida como ilusão porque consiste na realização de impulsos plenos de desejos. Freud, portanto, diz que a crença em Deus revela a necessidade do sujeito de amparo do pai, de proteção, de cuidados etc.

Para Freud a religião se sustenta pelo fato de que ela fortalece um pai – Deus seria o pai na relação do sujeito com Édipo – solucionando um desamparo humano; uma ordem moral mundial que assegura a justiça entre os homens; e a vida eterna, solucionando o problema da morte, ou seja, a religião fornece uma resposta aos desejos mais antigos da sociedade.

Olhando pela perspectiva de Freud, Deus seria um arquétipo garantidor da ordem social; do bem-estar da sociedade; da segurança do não desamparo etc.

E na contemporaneidade, como podemos escutar a religião e a fé em Deus? Bem, observamos correntes distintas que se enfrentam e até de forma violenta e brutal:

a. Enquanto uma corrente acredita em Deus e segue os seus ensinamentos, vemos outros que profanam seus símbolos sacros e chacoteiam a imagem de Cristo, como visto nos carnavais recentes onde Jesus fora agredido, humilhado, violado e zoado. Até com a alcunha de 'viado'.

b. Enquanto uma corrente frequenta igrejas e templos para ali realizarem as cerimônias e ritos, outros as invadem e destroem imagens e, bizarramente, defecam ou fazem sexo nos altares.

c. Enquanto uma corrente mantém Deus vivo nos seus corações, outros zoam enfiando crucifixo no ânus.

d. Enquanto uma corrente mantém sua crença seguindo os ritos, frequentando igrejas, jejuando, orando e se fraternizando, outros cultuam o satanismo ou bruxarias.

Noto que a fé em Deus e o ateísmo são formas antagônicas que levam o sujeito a agir e a pensar de formas absolutamente contrárias, afinal, me parece que os que acreditam em Deus cultuam uma espécie de fraternidade; de irmandade; de compreensão; de solidariedade; de respeito à família e à ética; preservação da moral; do perdão; da fidelidade no casamento e do respeito ao próximo, entre outros valores ou costumes que reduzam a possibilidade de desentendimentos ou de ódio um do outro. Por outro lado, observo também que os comportamentos dos que creem em Deus e cultuam a sua fé, são duramente combatidos pelos ateístas radicais e/ou satanistas, que defendem outros valores e assumem outros comportamentos, e muito distintos.

Então, deduzo que os que creem em Deus sejam movidos por esta energia ou espiritualidade a qual me referi anteriormente, uma espécie de pulsão do bem que o propulsiona para aquilo que deseja conquistar. Creio que somos fruto da energia que emanamos e da qual nos revestimos.

Por outro lado, propagar energia negativa, como: o ódio; a desunião ou segregação; a desordem; a injustiça; o desamor; a inveja; as mentiras etc., também é emanar e revestir-se dessa energia que, tanto para uma ou oura corrente, determinará a sua forma de agir diante das situações com quais se depara. É esta energia que direciona o sujeito para este ou aquele lugar; para este ou aquele grupo; para este ou aquele comportamento; para esta ou aquela inferência ou para decidir e escolher o seu estilo de vida e, em especial, sobre como lidar com as próprias questões.

II - ESPIRITUALIDADE:

Primeiro que a espiritualidade não precisa estar conectada diretamente com a religião ou crença em Deus, embora isso ocorra com certa frequência.

Pode ser compreendida como uma propensão ou necessidade humana na busca do significado da vida. Uma busca por conceitos que transcendam o tangível. Uma procura de um sentido que conecte o sujeito a algo maior ou superior. Uma espécie de sublimação.

Para os gregos, por exemplo, a espiritualidade referia-se a uma experiência contemplativa pela qual se alcançava o conhecimento das coisas. Nietsche diz que é uma forma de superar a superficialidade.

Defino como um conjunto de crenças que traz validade e significado aos eventos da vida. Uma necessidade humana para interessar-se mais por si e pelos outros, uma forma de valorizar a essência e não a aparência. Uma busca para preencher e dar sentido a própria vida para valorizar-se e para dar mais sentido e vontade de viver plenamente.

Com isso, entendo que espiritualidade é um desejo do sujeito no sentido de encontrar-se dentro de si mesmo e, ao mesmo tempo, ditar-se uma certa meta da existência, de modo que consiga aprimorar valores e talentos para enfrentar as dificuldades. Uma forma de entender-se único.

Eu acredito que a espiritualidade vai além do que viver procurando o sentido da vida. É, portanto, uma forma de dar sentido à vida.

III – BENZIMENTOS:

O sentido de benzer é abençoar ou acolher na dor ou proteger do mal ou curar do sofrimento. É uma espécie de interação com os deuses protetores através das mãos daqueles que benzem, onde se observa a necessidade e indispensável fé no ato. É um rito de orações e de repetições que remetem à fé.

É uma forma de súplica ao 'santo protetor' pela sua interseção para que o benzido se cure da dor, onde o benzedor estabelece um canal de comunicação com aquele que de fato cura, lá numa instância superior, que é evocado pelas orações.

É orar no sentido de bendizer aquele que procura por um benzimento.

Geralmente as pessoas procuram por benzimentos quando algum problema de saúde ou perturbação psicológica aparece, como: espinhela caída, quebranto, mau-olhado, luxações, enjoos, desânimo, indisposição, ínguas, torções, inveja etc. Tais pessoas procuram por benzedeiras porque desejam a cura, além de conselhos e orientações. Querem ajuda deste outro.

Observo que dentre as condições ou requisitos para se tornar um benzedor a pessoa precisa ter fé e acreditar no seu 'poder' de interseção junto aos 'santos protetores', e, por outro lado, a pessoa que procura pelo benzedor, como eles próprios (os benzedores) afirmam, precisa ter muita fé e acreditar que vai se curar.

Então, por certo, aqui falamos em fé e em crença, onde a pessoa se reveste e se apropria da sua energia interior manifesta no desejo da cura.

Penso que a sua pulsão (energia) reveste o sujeito da capacidade de se curar porque crê e age neste sentido. Um processo que ocorre de dentro para fora e não de fora para dentro.

IV – CURANDEIRISMO:

Advertência: qualquer pessoa que forneça ou aplique ou oriente ou manuseie substâncias de qualquer origem, seja, vegetal, animal ou mineral, a pretexto de curar outra pessoa, sem que esteja habilitada para isso (não sendo médico ou não tendo conhecimento científico) comete crime de curandeirismo, previsto na legislação brasileira.

Diferente da crença em Deus ou da fé ou da força da oração ou da crença de que pode se curar pela energia interior manifesta na pulsão, se o curandeiro se valer de qualquer produto e o indique para que o outro ingira aquilo, nitidamente vale-se da susceptibilidade deste outro para enganá-lo. É bem diferente, por exemplo, dos ritos religiosos ou dos benzimentos, onde não há indicação de 'medicamentos milagrosos', afinal, além de sabidos efeitos placebos, alguns desses produtos podem agravar o estado de saúde do sujeito, ou, ainda mais grave, sugerir que se pare com o tratamento convencional prescrito pelos médicos.

V – UMBANDA:

A umbanda mescla elementos do candomblé, do espiritismo kardecista e do catolicismo. Trata-se de uma religião monoteísta centrada na figura de um Deus único e onipresente chamado Olorum, além de outras divindades conhecidas como orixás e guias espirituais. Jesus, para a umbanda, é Oxalá, o criador de tudo.

O umbandista acredita na imortalidade da alma, na reencarnação e nas leis cármicas. Creem na personificação de elementos da natureza e de energia e também nos guias, sendo que estes, os guias, podem se incorporar (num pai de santo) durante as cerimônias para ajudar as pessoas que necessitam de apoio.

O passe é um dos elementos que mais atraem as pessoas porque representa um importante recurso de auxílio às pessoas que estejam enfermas, desgastadas emocionalmente ou sob o assédio de maus espíritos. As casas de umbanda recebem qualquer pessoa que as procure, indistintamente, portanto, não precisa seguir a religião para receber um passe.

Neste passe o espírito guia acolhe, abençoa e descarrega a pessoa dos males que a acomete.

Observo que, a exemplo do que vemos na fé cristã através das bençãos ou no benzimento através da oração e da fé e também da umbanda, o que move o 'processo de cura', e como requisito básico, temos os elementos: fé e crença. E o mesmo princípio pode ser observado também na espiritualidade. Parece tratar-se muito mais de um movimento interno do sujeito – de dentro para fora – do que ação direta ou responsável de uma ação externa. Convenço-me de que é a energia interior que encontra eco no externo e se fortalece no propósito da cura. Então, para o psicanalista, valer-se dessa fé ou crença ou energia interior no sentido de 'encorajar' o paciente para que se mova e que coloque para fora aquilo que incomoda, parece-me ser salutar e ótima ferramenta.

VI – ESPIRITISMO:

Por conceito, o espiritismo ou kardecismo ou espiritismo kardecista, é uma doutrina religiosa de cunho filosófico e científico, cuja crença alicerça-se na contínua evolução espiritual do ser humano através das reencarnações. A doutrina espírita surgiu na França no século XIX e espalhou-se rapidamente pelo mundo, sendo, ao lado do cristianismo, uma das mais importantes.

Trata-se, portanto, de um conjunto de princípios e leis, revelados pelos espíritos superiores, contidos nas obras de Alan Kardec, e que constituem a codificação espírita, o livro dos espíritos, o livro dos médiuns, o evangelho segundo o espiritismo, o céu e o inferno, a gênese.

Podemos dizer que o espiritismo acredita na existência de um único Deus, na imortalidade da alma, na comunicabilidade dos mortos (desencarnados) com os vivos (encarnados), na pluralidade das existências ou reencarnações e também na pluralidade de mundos habitados.

O espirita acredita que Deus é o criador de tudo e que Cristo, o seu filho, é a criatura – responsável pela Terra e pelos espíritos que nela habitam.

A comunicação entre os desencarnados e os encarnados se dá pela interseção do médium, e segundo o que acreditam, todas as pessoas são médiuns e, por isso, a religião não tem sacerdotes ou papas ou qualquer hierarquia.

Claro que o espiritismo é (muito) mais do que eu trouxe aqui, porém, minha proposta não é estudar as religiões ou doutrinas, mas entender como elas influenciam ou atuam nas pessoas que as seguem.

Freud alude a existência humana à necessidade de cultuar algo superior para melhorar a autoconfiança e segurança e assim associou Deus ao pai e Édipo. Lacan fala em ídolos que regem as vidas das pessoas. Jung fala sobre os arquétipos e outros autores explicam que a humanidade busca numa energia superior as forças das quais necessitam para viver, assim como observamos nas religiões ou noutros ritos, sempre com o objetivo de encontrar as respostas que buscam.

E assim ratificamos o conceito lacaniano de que vivemos sob a influência do externo, do grande Outro.

VII – SEITAS OU DOUTRINAÇÕES:

Conceitualmente a seita pode ser compreendida como um grupo de pessoas – reduzido ou grande – que compartilham um conjunto de crenças ou religiosas ou filosóficas ou ideológicas que diferem dos grupos hegemônicos ou ditos conservadores ou defensores daquilo que se convenciona como moral ou ético ou justo ou igualitário diante da sociedade. Na prática a seita ocupa uma posição subalterna numa sociedade por ter conotação pejorativa dos costumes e dos valores defendidos pela sociedade ao longo todo tempo.

No caso da religião, a seita se revela na contestação ou protesto ou afronto a uma religião originária, cujo objetivo é a desconstrução de algo anteriormente seguido e aceito. São grupos que cultuam crenças incomuns ou estranhas ou atípicas que se isolam do mundo exterior (criando uma realidade própria) sob uma estrutura autoritária que propaga o ódio e/ou o desdém contra os que não concordam com eles.

Na contemporaneidade podemos entender a seita como algo que transcende a religião, afinal de contas, observamos comportamentos e atitudes similares (de afronto) em diversos outros grupos sociais, na forma de associações, em corporações, naquilo que chamam de coletividade, nos círculos afins, nas facções ou agremiações, na política, nas ideologias etc.

Esses grupos crescem na medida em que aquilo que pregam parece ser atraente ou menos doído ou mais fácil ou menos dispendioso ou um caminho mais curto ou onde tudo é permitido ou onde as leis e as regras não têm tanta importância. Na medida em os seus seguidores aumentam, a seita os transforma em subalternos cuja capacidade cognitiva fica cada vez mais reduzida, e, sendo assim, presas fáceis para repetirem, tal qual papagaios, coisas sob as quais não têm qualquer conhecimento ou domínio ou respaldo cientifico ou lógica racional ou pertinência. Se transformam em 'zumbis' que passam a defender o ilógico e viver na fantasia de um mundo que apenas eles enxergam e consagram. Perdem a noção do certo e do errado, assim como o discernimento e senso crítico.

Tais seitas ou doutrinações acometem pessoas visivelmente com algum tipo de transtorno, especialmente os de cognição (e são vários), afinal:

    a. Perde a noção daquilo que seria justo, como, por exemplo, aplaudir a soltura de criminosos e vibrar com a prisão de inocentes,

b. Acredita que a Terra é plana ou defende que o homem nunca foi à Lua,

c. Lugar de mulher é no fogão e no tanque,

d. Confusão mental que os remetem a acreditar que a sua raiva, o seu ódio e sua implacável perseguição contra os que deles discordam, é apenas um gesto de amor porque a intolerância está no outro,

e. Acredita que a culpa é da vítima que foi assaltada porque aquele que roubou se sentiu oprimido e injustiçado, sem a mínima noção de que consegue comprar algo apenas quem trabalha,

f. Ideia de que a culpa por ser pobre é daquele que, com seu trabalho, conseguiu se dar bem na vida,

g. Cria dialetos que ferem a língua pátria,

h. Impõem pensamentos distorcidos da realidade,

i. Invertem valores éticos e morais,

j. Segregam a sociedade para promover brigas e discórdia,

k. Defendem a liberdade e a democracia, desde que não se oponha àquilo que eles acreditam como deve ser,

l. Defendem a promiscuidade como forma de liberdade,

m. Aquele que pertence ao grupo é amigo ou camarada, mas os que pensam diferente são inimigos que precisam ser extirpados, tal qual pensava Hitler,

n. A ideia de justiça social é dividir a riqueza tirando daquele que tem para dar a quem não tem, sendo que, por percepção simples, o correto é acreditar na produção ou na soma ou no agregar, e não no dividir,

o. Chamam de justiça e de igualdade a sua raiva e a sua inveja contra aqueles que produzem ou que crescem ou que despontam ou que se firmam social e economicamente,

p. Delegam ao seu 'superior' – líder da seita, as decisões sobre a própria vida,

q. Não conseguem discutir o mérito de uma questão e agridem o interlocutor que apresenta argumentos convincentes, mas que demandam um mínimo de intelecto,

r. Desconstroem ou atacam os costumes ou as tradições ou os heróis ou a história porque não conseguem criar algo que mereça aplauso ou admiração,

s. A raiva, a inveja e o ódio são os sentimentos mais comuns em tais grupos, afinal, para eles, a culpa é sempre do outro.

Perceba, caro leitor, que a seita/doutrinação tem o objetivo de atrair os que apresentam algum tipo de transtorno neurocognitivo a fim de transformá-lo num soldado do seu exército.

Tais alienados perdem a noção do lógico, do natural, do racional, do senso de valor, da ética, do previsível, da própria capacidade de evolução, da naturalidade das coisas, do senso crítico, da observação dos fatos, da própria falência intelectual, da percepção de dependência do outro e do mundo fantasioso em que vivem, e, por isso, aceitam as migalhas oferecidas pelo líder porque, por óbvio, encontram-se alienados e absolutamente dependes daquilo que defendem, ao invés de buscarem por si o crescimento pessoal e profissional.

Estes são os resultados observados ao longo da história quando se estuda o comportamento das pessoas alienadas a uma seita/doutrinação: baixa cognição, baixa autoestima, autoanulação, autossabotagem, subserviência, vitimização, ausência de discernimento, raiva do bem-sucedido, ódio do adverso, intolerância, agressividade, desejo de vingança, perseguição, segregação, intelectualidade baixa, entre outros.

Recentemente – estamos em março de 2024 – nos deparamos com algumas pessoas alienadas ao irreal ou ao mundo do ilógico que afirmam:

a. A Terra é plana,

b. Fazer sexo com a mãe facilita a proximidade,

c. Buraco negro e/ou caixa preta são ofensas raciais,

d. Racismo ambiental (meio ambiente é racista),

e. FRamengo, bRusa, cRima é uma forma de africanizar a língua portuguesa – que chamam de 'pretoguês',

f. Sei latir e me identifico com cachorro, portanto, sou cachorro,

g. Mulher de próstata,

h. Homem engravida e dá a luz,

i. Dois mais dois podem ser cinco,

j. Jesus é gay,

k. Maria (mãe de Jesus) foi put#,

l. O preço subiu, mas a inflação é do bem,

m. Há lógica no assalto,

n. Tudo bem roubar, desde que seja apenas para tomar uma cervejinha,

o. A liberdade é relativa,

p. Acusa o outro de crime, mas apaga as provas,

q. Prega a defesa dos pobres, mas esbanja milhões do dinheiro do outro,

r. Vale-se de meias verdades e cria narrativas,

s. Entre outros não menos bizarros.

Influências no sujeito

Lacan diz que desde o início da formação do espelho, lá aos seis meses de idade, a constituição do sujeito se dará pela introjeção do outro e através do imaginário criado a partir do simbólico, então, compreender o meio e o ambiente em que o sujeito foi e continua sendo constituído é primordial (Winnicott). É este meio (símbolos) que determinará a sua constituição. Para Freud, embora se valha de outros conceitos para explicar a formação do ego, o sujeito vai se formando a partir das influências que recebe desde as fases do desenvolvimento psicossexual, passando pela castração e complexo de Édipo.

Diante disso, deduz-se que o externo, incluindo tudo o que vimos até aqui sobre religião, benzimentos, seitas e doutrinações, o sujeito cria o seu Cnc baseado exatamente neste imaginário que brota do meio em que vive. E, sendo assim, são esses conteúdos Cnc que guiarão os seus passos rumo a este ou àquele lugar. E daí surgem os traumas, as angústias e as dores porque o Eu, em algum momento, vai surgir e cobrar uma ação do sujeito.

Não pode isso e não pode aquilo. Isso é certo e isto não. Isso é aceito e aquilo é rejeitado. Assim as pessoas não vão gostar. Não pode dizer não para não desagradar etc., são conteúdos de padrões introjetados desde a infância, então, são os maestros do sujeito.

O desejo de desejar, ausente no desejo de objeto (pela inexistência do preenchimento deste vazio) leva o sujeito a desejar o desejo do outro, ampliando este vazio que, com o tempo, vai sendo preenchido por uma dependência extremada do sujeito desejante que não tem desejo próprio. É aqui que o EU pulsa por não aceitar mais este lugar de não ter desejos próprios, surgindo a angústia e outros sintomas, como: alguns tipos de neuroses, ansiedade e obsessão e, para preencher o vazio, pode surgir a compulsão.

Enquanto o sujeito está sob comando do seu líder doutrinador e há ali ganhos secundários ou conforto ou segurança prometidos pelo grupo, o sujeito abre mão dos seus desejos por acreditar que o desejo do outro é o seu desejo. Até que a dor de não ser ele mesmo seja maior do que as benesses que imagina possuir, surgindo então o próprio desejo de mudança. Freud diz que *"quando a dor for maior do que o desejo de mudar, a pessoa muda"*.

Então, cabe ao psicanalista entender a ausência do desejo do seu paciente e ajudá-lo a compreender isso.

O doutrinado não conhece o outro lado da história e nem o admite porque tal doutrinação o conduziu, tal qual o 'tapa-cara' usado em burros, apenas num sentido, com visão somente pontual e sem noção do holo, portanto, com baixa perspectiva de mudança.

É este conteúdo Cnc (vindo do doutrinador) que move o sujeito no sentido de não aceitar o outro lado ou a outra versão a outra face da moeda, permanecendo no mundo fantasioso onde tudo pode e somente o que acredita é o certo.

O Dr. Lyle H. Rossiter, psiquiatra da Universidade de Chicago, traz trechos dos relatos dos seus pacientes alienados ou doutrinados:

1 - Eu não era amado e nem querido pelos meus pais. Eu vivia resmungando porque não tinha aquilo que queria. Eu sofria muito e me isolava. Eu não conseguia aliviar minhas dores pelos meus próprios esforços, mas eu era birrento e reclamava de tudo. Até conheci pessoas que me ajudaram a viver melhor. Hoje eu me sinto bem porque aprendi a gritar pela liberdade e pela injustiça dos ricos contra os pobres.

Meu comentário: o paciente relata que a dor sofrida na infância e a incapacidade de lidar com a situação gerou um trauma e isso o levou a procurar uma turma legal que o compreendia e o 'ensinou' a se defender buscando a liberdade e a compreender que os ricos oprimem os pobres. Ora, o caso não é meu e não tenho como me apropriar do setting do psiquiatra que o atendeu, porém, posso assegurar que o paciente desloca nos 'ricos' a sua frustração e a sua incapacidade de lidar com a situação diante dos pais que negavam aquilo que ele queria, mas como não consegue enxergar isso, opta por criar uma narrativa que desloca para todos aqueles que considera ricos (que têm condições de dar aquilo que a sua criança queria) a sua raiva e insatisfação. Ou, numa linguagem mais direta: a culpa é do outro.

2 - Meus pais me criaram com muito rigor e queriam que eu os obedecesse. Me proibiam de quase tudo e eu ficava triste. Me sentia impotente. Depois que entrei no grupo (tal) aprendi a me defender e a punir as pessoas. Hoje entendo que eu estava ficando teimoso, desafiador, rancoroso e vingativo

Meu comentário: Aqui temos um caso diferente do primeiro porque o paciente admite que foi castrado severamente pelos pais e que depois que conheceu um grupo (tal) ficou raivoso e punia as pessoas. Depois acabou por elaborar que estava se tornando mau caráter.

3 - Nasci numa família pobre onde quase tudo faltava. Era quase miséria de comida e de tudo mais. Na escola os colegas tinham tudo e eu nem lanche levava para o recreio. Eu ficava triste e reclamava de ser pobre e chorava muito. Aos poucos fui fazendo amizades na escola e comecei a ganhar pedaços de lanches e até sucos. Me davam tênis e até mochilas. Aprendi que reclamar e chorar era até bom porque as pessoas ficavam com pena de mim e me acolhiam e davam coisas que eu queria. Meus pais falavam que eu tinha mesmo que reclamar

e fazer drama para conseguir tudo. Diziam que a escola tinha que me dar tudo e que os professores tinham que ter pena de mim ao invés de cobrarem as tarefas. É por isso que hoje eu milito mesmo pelas injustiças sociais e defendo os pobres.

Meu comentário: Neste caso vemos a clássica narrativa de que o outro tem a obrigação de cuidar de mim, ou seja, de que o outro é o culpado pela minha pobreza ou infelicidade. O discurso dos pais manteve a criança no lugar de dependente do outro, quando deveriam fortalece-lo e fazê-lo acreditar que pode e que consegue, e que precisa estudar para crescer na vida.

4 – Eu rejeito este tipo de liberdade que permite aos outros ignorar minhas demandas. Eu preciso saber que eles serão obrigados a me sustentar mesmo que não queiram fazê-lo. O fato é que eu tenho direitos afirmativos, e eu exijo que eles sejam honrados. Tenho direito de conseguir o que quero e necessito. Meus direitos superam quaisquer direitos de propriedade que protejam a liberdade individual. Eu me oponho fortemente a quaisquer arranjos em que meu bem-estar não seja obrigação legal de outros. Eu meu oponho, portanto, a quaisquer arranjos em que os meus relacionamentos sejam governados por consentimento mútuo.

Meu comentário: Neste caso fica claro aquilo que o discurso comunosocialista prega: que o outro não pode ter se eu não tenho; que o outro não tem direitos se os meus não forem atendidos etc. Um tipo de discurso alienatório que prevalece há décadas, mas que na prática não se sustenta, como já afirmava Freud. Vejo aqui um tipo de transtorno neurocognitivo que cega impiedosamente o sujeito.

E, sobre este aspecto, e também para explicar técnica e historicamente sobre o equívoco de se publicitar o regime comunista como algo bom para as pessoas, trago a seguinte reflexão:

Por que enxergo a não viabilidade do regime comunista?

O debate em torno da viabilidade do regime comunista tem sido uma questão de grande controvérsia ao longo da história moderna. Apesar das aspirações igualitárias e ideais de justiça social associados ao comunismo, uma análise criteriosa revela uma série de desafios fundamentais que tornam esse sistema político e econômico intrinsecamente problemático.

Um dos principais obstáculos à viabilidade do comunismo reside em suas limitações econômicas. Os princípios de redistribuição de riqueza e propriedade coletiva dos meios de produção, embora possam parecer justos em teoria, frequentemente resultam em ineficiências econômicas significativas. A falta de incentivos individuais e a ausência de mecanismos de mercado para a alocação eficiente de recursos levam à escassez, inovação limitada e baixa produtividade. Exemplos históricos como a União Soviética, China Maoísta e outros países comunistas demonstraram consistentemente dificuldades econômicas, incluindo escassez de bens básicos, longas filas para obter produtos e baixo padrão de vida em comparação com economias de mercado.

Além disso, o regime comunista frequentemente restringe as liberdades individuais e políticas em nome da coletividade, o que resulta em um estado de autoritarismo ou até mesmo totalitarismo. A ausência de liberdade de expressão, imprensa livre e competição política cria um ambiente propício para abusos de poder e corrupção. As violações dos direitos humanos, incluindo desses sistemas.

Além das considerações políticas e econômicas, é importante destacar as dimensões sociais e psicológicas envolvidas na não viabilidade do comunismo. A supressão da individualidade em favor do coletivo pode resultar em alienação e desengajamento social. A busca por igualdade forçada muitas vezes ignora as diferenças naturais entre os indivíduos e, em última instância, mina a diversidade e a criatividade da sociedade.

Embora algumas sociedades possam argumentar em favor de certas políticas socialistas ou comunistas em setores específicos, como saúde e educação, a implementação de um regime comunista completo se mostrou historicamente problemática e ineficaz. Estatísticas e exemplos empíricos de países que adotaram o comunismo como sistema dominante reforçam essa conclusão, evidenciando os desafios e fracassos associados a esse modelo político e econômico.

Em resumo, a não viabilidade do regime comunista decorre de uma série de fatores interconectados, incluindo limitações econômicas, restrições políticas, efeitos sociais negativos e evidências empíricas de falhas em sua implementação. Enquanto o debate sobre sistemas políticos e econômicos continua, a história e a análise crítica oferecem importantes insights sobre os desafios enfrentados pelo comunismo como modelo de governança.

Portanto, alguns conteúdos Cnc não passarão para o plano do Cc porque o sujeito está preso a uma alienação doutrinátoria severa que o impede de sair dali porque esta situação alienatória o acometeu de tal forma – devido a algum tipo de transtorno dissociativo, se tornando presa fácil – que vive na ilusão de que a sua verdade é a realidade que todos devem seguir. Tal posição se explica por comportamentos como: inveja ou raiva pelo sucesso do outro; a não admissão da falta de talento ou aptidões; a preguiça de não empreender; o desejar ter aquilo que outro tem, mas sem se esforçar para isso etc.

O discurso do psicopata – que é um tipo de transtorno, por exemplo, além daquilo que já conhecemos sobre ele (valer-se do outro para conseguir o que deseja, agir sem remorso e com absoluta indiferença) inclui-se: a hipocrisia de falar uma coisa e fazer outra; disseminar a raiva e chamar isso de amor; criar mentiras e acreditar nelas; propagar a desordem e a insegurança; perseguir aqueles que o criticam etc. portanto, tal sujeito também ficará preso no Cnc.

Por fim, e para ratificar minha percepção sobre a alienação e a doutrinação, uma pessoa alienada ou doutrinada muitas vezes tem dificuldade em enxergar a realidade das coisas (tornar conteúdos Cnc em Cc) devido a diversos fatores psicológicos e sociais. Veja algumas razões principais:

1. Condicionamento e doutrinação:

Pessoas que foram expostas repetidamente a uma única perspectiva ideologia ou conjunto de crenças tendem a internalizá-las como verdades absolutas. Isso pode ocorrer através da educação, da mídia, da religião ou de grupos sociais específicos. Quando uma pessoa é constantemente exposta a uma única narrativa, torna-se mais difícil para ela questioná-la ou considerar outras perspectivas.

2. Reforço social:

O pertencimento a determinados grupos sociais pode reforçar ainda mais a aceitação das crenças compartilhadas por esse grupo. O medo de ser excluído ou rejeitado pelo grupo pode levar uma pessoa a se conformar com as crenças predominantes, mesmo que elas não reflitam completamente a realidade.

3. Dissonância cognitiva:

Quando confrontados com informações ou evidências que contradizem suas crenças arraigadas, as pessoas muitas vezes experimentam dissonância cognitiva, um estado de desconforto psicológico. Para reduzir esse desconforto, elas podem rejeitar ou distorcer as informações que entram em conflito com suas crenças estabelecidas, em vez de enfrentar a realidade.

4. Medo do desconhecido ou da mudança:

Muitas vezes as pessoas se sentem seguras dentro das estruturas familiares, sociais e ideológicas que conhecem, e têm medo do desconhecido ou de mudanças que possam desestabilizar sua compreensão do mundo. Isso pode criar uma resistência à aceitação de novas informações ou ideias que desafiam suas crenças existentes.

5. Manipulação da informação:

Em alguns casos, indivíduos podem ser vítimas de manipulação de informações por parte de autoridades governamentais, líderes religiosos, ou outras figuras de autoridade. Isso pode incluir propaganda, censura de informações contraditórias e distorção da verdade para servir a interesses específicos.

Na obra "O Mal-Estar na Civilização", publicada em 1930, Freud analisa a natureza da civilização e suas implicações para a psique humana. Ele argumenta que a civilização impõe restrições aos desejos individuais em prol da ordem social, o que ele chama de "o conflito entre as exigências da sociedade e os desejos individuais". Ele explora como as instituições sociais, como a família e o Estado, restringem a expressão dos impulsos instintivos do indivíduo.

Além disso, Freud discute a origem do sentimento de culpa e frustração na civilização, atribuindo-os à supressão dos instintos básicos em nome da convivência social. Ele examina também o papel da religião como um mecanismo de controle social e como um refúgio para os conflitos internos do indivíduo.

Por fim, Freud sugere que a civilização, embora proporcione segurança e conforto material, também traz consigo um "mal-estar" psicológico inerente, resultado das tensões entre as demandas da cultura e os desejos humanos.

Quando Freud diz que *"a civilização impõe restrições aos desejos individuais em prol da ordem social"*, podemos entender também que a disseminação de ideologias doutrinatórias, de certa forma, tenta impor pensamentos e comportamentos que inibem a iniciativa do sujeito, induzindo-o a se comportar tal qual num efeito manada.

Freud diz também que *"a civilização, embora proporcione segurança e conforto material, também traz consigo um "mal-estar" psicológico inerente, resultado das tensões entre as demandas da cultura e os desejos humanos"*. Então aqui temos o resultado entre a luta do Id e a negação do Superego, afinal, mesmo que as ideologias apresentem aparentes satisfações, o EU sofre com os traumas e dissabores da não libertação dessas amarras sociais.

Conclusão

Na obra o "Mal-Estar da Civilização" Freud traz a insatisfação do sujeito por não conseguir ser ele mesmo diante das imposições sociais (política, religião, família) – que Lacan chamaria de o grande Outro (simbólico). Na contemporaneidade vejo o mesmo acontecer nas doutrinações ideológicas porque o sujeito cooptado deixa de ser ele mesmo para viver um personagem de uma história fantasiosa onde tudo pode e tudo lhe parece lindo e mágico, onde não há normas nem regras, nem ética e nem moral, nem responsabilidades e nem obrigações, e sim, apenas uma busca por 'direitos', mas sem calo nas mãos.

CAPÍTULO V

TRANSTORNOS

A psicanálise, desde Freud, e continuada por seus seguidores e outras escolas de pensamento psicanalítico, tem pensamento único para entender e definir transtornos mentais, incluindo transtornos psicológicos e psiquiátricos.

A psicanálise entende que os transtornos mentais são frequentemente manifestações de conflitos inconscientes e perturbações na dinâmica psíquica da pessoa. Esses conflitos e perturbações podem estar enraizados em experiências traumáticas do passado ou desenvolvimento emocional incompleto ou conflitos intrapsíquicos não resolvidos, entre outros fatores.

A psicanálise enfatiza a importância do inconsciente e das defesas psicológicas na formação e na manutenção dos transtornos mentais. Por exemplo, um transtorno como a depressão pode ser entendido como resultado de conflitos emocionais não resolvidos, perdas significativas não elaboradas ou traumas do passado que foram reprimidos para o inconsciente, mas que continuam a influenciar o funcionamento psicológico do sujeito.

É por isso que os psicanalistas investigam e exploraram esses conflitos inconscientes, buscando trazê-los à tona (para a consciência) pensamentos, sentimentos e memórias reprimidas que estão contribuindo para os sintomas do transtorno mental. Ao trazer estes conteúdos para a consciência e trabalhá-los em um ambiente terapêutico seguro, o objetivo é promover a resolução dos conflitos (explicitados nos sintomas) e promover a cura psicológica ou a minimização deles.

É importante ressaltar que, embora a psicanálise ofereça uma perspectiva única sobre transtornos mentais – explorando o inconsciente, ela não é a única abordagem na compreensão e no tratamento.

Há pacientes que se sentem melhor buscando a psicologia cognitivo-comportamental, a psicoterapia humanista e diversas abordagens farmacológicas, que também desempenham papéis importantes no campo da saúde mental.

No entanto, a cura de um transtorno mental é um processo complexo e individualizado, que pode variar dependendo do tipo de transtorno, da gravidade dos sintomas, das circunstâncias pessoais e das preferências do indivíduo. E quais são as ferramentas ou técnicas conhecidas hoje que podem auxiliar no tratamento do paciente?

Acompanhamento de um profissional: É fundamental a ajuda de profissionais de saúde mental qualificados, como psicólogos, psiquiatras, psicanalistas ou terapeutas, que possam oferecer uma avaliação adequada e recomendar o tratamento mais apropriado.

Terapia é indispensável no tratamento de transtornos mentais, e, por óbvio, na maioria dos casos recomenda-se o acompanhamento psiquiátrico e psicoterapia. A escolha da terapia depende do tipo de transtorno e das necessidades individuais do paciente.

Medicação: Em alguns casos, os medicamentos psicotrópicos, prescritos por um psiquiatra, podem ser parte do plano de tratamento. Eles podem ajudar a reduzir os sintomas e facilitar o processo terapêutico.

Autoeducação: Aprender sobre o próprio transtorno mental pode ser benéfico e ajudar no processo de recuperação. O psicanalista tem papel fundamental neste tipo de ajuda.

Estilo de Vida Saudável: Cuidar da saúde física pode ter um impacto positivo na saúde mental. Isso inclui manter uma dieta equilibrada, fazer exercícios regularmente, dormir o suficiente e evitar o uso excessivo de substâncias como álcool e drogas, além de contato saudável com a natureza.

Suporte Social: O apoio de amigos, familiares e grupos de apoio pode ser fundamental no processo de recuperação. Compartilhar experiências, receber encorajamento e sentir-se compreendido pode ajudar a reduzir o isolamento e promover o bem-estar emocional.

Persistência e Paciência: A recuperação de um transtorno mental pode levar tempo e exigir esforço contínuo. É importante ser paciente consigo mesmo e não desistir, mesmo quando o progresso parece lento ou difícil. Tal processo pode ser lento, mas gradual e progressivo.

É importante lembrar que cada pessoa é única e o que funciona para uma pessoa pode não funcionar para outra. Portanto, é essencial encontrar um plano de tratamento personalizado que atenda às necessidades individuais e promova a recuperação a longo prazo. O psicanalista é um profissional revestido de todas as qualidades e competências para promover o acompanhamento do paciente e, se necessário, indicar outros profissionais da área, como o psiquiatra, por exemplo.

No entanto, ressalto que os transtornos psíquicos aprisionam o sujeito em conteúdos geralmente reprimidos ou recalcados na infância, por isso, tais conteúdos (quase que petrificados) se tornam 'endurecidos' e menos 'dispostos' a saírem deste lugar, o que dificulta bastante o acesso ao Cc afinal, é por estarem Cnc que os sintomas persistem. A luta do sujeito volta-se para o sintoma e não para sair dele, tipo: entristecer-se pelo pneu furado ou pela viagem frustrada ao invés de trocar/consertar o pneu.

A seguir alguns transtornos mais comumente trabalhados na clínica:

O sujeito obsessivo-compulsivo

O neurótico obsessivo, também conhecido como portador de transtorno obsessivo compulsivo - TOC, é uma pessoa que sofre de um distúrbio mental caracterizado por pensamentos obsessivos e comportamentos compulsivos. São pensamentos, imagens ou impulsos indesejados e intrusivos que causam ansiedade significativa, enquanto as compulsões são comportamentos repetitivos onde a pessoa sente uma forte necessidade de realiza-los em resposta às obsessões, muitas vezes como uma tentativa de reduzir a ansiedade associada.

Algumas características do neurótico obsessivo incluem:

Obsessões persistentes: Pensamentos ou imagens recorrentes que causam ansiedade, como medo de contaminação, pensamentos violentos ou sexuais indesejados, preocupação com simetria ou ordem, entre outros.

Compulsões: Comportamentos repetitivos, como: lavar as mãos repetidamente, verificar repetidamente se portas estão trancadas, contar coisas, organizar objetos de maneira específica, verificar se fechou mesmo o gás, vícios, comilança, entre outros, ressaltando que o TOC pode interferir significativamente na vida cotidiana da pessoa, afetando suas relações pessoais, desempenho no trabalho ou na escola e qualidade de vida geral.

Consciência da irracionalidade: Muitas vezes, os indivíduos com TOC reconhecem que suas obsessões e compulsões são irracionais, mas ainda têm dificuldade em controlá-las.

Ansiedade e sofrimento: A pessoa com TOC experimenta uma grande quantidade de ansiedade e sofrimento devido às suas obsessões e compulsões, o que pode levar a um ciclo vicioso de comportamentos compulsivos para aliviar a ansiedade.

Geralmente o obsessivo fica em cima do muro reclamando que deseja ir para o lado de lá, mas fica do lado de cá, num vai e volta de tentativas ou de planos que o mantém sempre em cima do muro, com muita dificuldade de decidir, mesmo que no seu discurso apareça o desejo de ir.

A incapacidade do neurótico obsessivo de mudar apesar de expressar o desejo de fazê-lo pode ser atribuída a uma série de fatores complexos:

Natureza do transtorno: O transtorno obsessivo/compulsivo é uma condição mental crônica que pode ser muito desafiadora de tratar. As obsessões e compulsões são muitas vezes profundamente enraizadas e difíceis de superar sem um tratamento adequado e apoio contínuo. São motivações enraizadas no Cnc.

Resistência à mudança: Mesmo que a pessoa com TOC deseje mudar seus padrões de pensamento e comportamento, ela pode enfrentar uma grande resistência interna. As compulsões muitas vezes fornecem um alívio temporário da ansiedade associada às obsessões, o que pode tornar difícil para a pessoa abandonar esses comportamentos, mesmo que racionalmente saiba que são prejudiciais.

Medo do desconhecido: A mudança pode ser assustadora para qualquer pessoa, e isso é especialmente verdadeiro para aqueles que lutam contra distúrbios mentais. O neurótico obsessivo pode temer o desconhecido, preocupar-se com o que pode acontecer se não realizar suas compulsões e questionar sua capacidade de lidar com a ansiedade sem esses comportamentos.

Padrões de pensamento arraigados: Ao longo do tempo, os padrões de pensamento e comportamento associados ao TOC se tornam profundamente enraizados. Mesmo com o desejo de mudar, é difícil para a pessoa interromper esses padrões, especialmente sem ajuda profissional e apoio adequado.

Em resumo, embora a pessoa com TOC possa genuinamente desejar mudar, a natureza persistente e complexa do transtorno, juntamente com barreiras emocionais e psicológicas à mudança, pode dificultar a realização desse desejo sem apoio profissional e intervenções adequadas.

Tais empecilhos estão profundamente enraizados no Cnc, especialmente no inconsciente.

O sujeito histérico

A histeria, como conceito psicanalítico, foi originalmente descrita por Freud no início de sua carreira, com forte influência de outros pesquisadores, como: **Josef Breuer, Wilhelm Fliess, Jean-Martin Charcot e Pierre Janet** e, desde então, tem sido abordada e refinada por muitos outros psicanalistas. É importante ressaltar que o termo 'histeria' não é mais utilizado como um diagnóstico psiquiátrico nos sistemas de classificação modernos, como o DSM-5. No entanto, a descrição do sujeito histérico ainda é relevante no contexto psicanalítico para entender certos padrões de comportamento e processos mentais.

O sujeito histérico tende a apresentar uma série de características e comportamentos, incluindo:

Sintomas conversivos: O sujeito histérico pode manifestar sintomas físicos inexplicáveis, como paralisias, cegueira temporária, tremores ou convulsões, que não têm uma base médica identificável. Esses sintomas são frequentemente vistos como expressões simbólicas de conflitos psicológicos subjacentes.

Dramatização e exibicionismo: O sujeito pode exibir um comportamento dramático e teatral, buscando atenção e simpatia dos outros. Isso pode incluir crises emocionais intensas, acessos de choro ou exibição de sintomas físicos em situações sociais.

Problemas de identidade e papéis: O sujeito histérico pode ter dificuldade em estabelecer uma identidade coesa e em definir papéis sociais claros. Eles podem alternar entre diferentes identidades ou papéis para se adaptar às expectativas dos outros.

Sugestionabilidade: O sujeito histérico pode ser altamente sugestionável e suscetível à influência externa. Ele pode adotar crenças, ideias ou sintomas de outras pessoas, especialmente de figuras de autoridade ou modelos de comportamento.

Necessidade de aprovação e de afeto: Ele frequentemente busca aprovação e afeto dos outros, muitas vezes colocando as necessidades e desejos dos outros acima dos seus próprios.

Conflitos afetivos não resolvidos: Por trás dos sintomas e comportamentos histéricos, geralmente há conflitos emocionais não resolvidos, especialmente relacionados a questões de sexualidade, identidade, traumas passados ou conflitos interpessoais.

Acredito que a histeria não é um traço exclusivo de um gênero ou grupo específico, afinal, homens e mulheres podem apresentar comportamentos histéricos, por isso, é fundamental abordar esses comportamentos com sensibilidade e compreensão, reconhecendo que podem ser reflexos de uma luta interna profunda e complexa.

O sujeito narcisista

O sujeito narcisista exibe uma série de características e comportamentos que refletem um padrão de preocupação excessiva consigo mesmo, necessidade de admiração e falta de empatia pelos outros. Eis algumas das principais características e comportamentos associados ao narcisismo:

Grandiosidade: O sujeito narcisista frequentemente tem uma visão inflada de si mesmo e de suas habilidades. Ele pode se considerar especial, único ou superior aos outros, e muitas vezes espera ser reconhecido assim.

Necessidade de admiração: O narcisista tem uma necessidade constante de admiração e atenção dos outros. Ele pode buscar elogios e reconhecimento para validar sua autoimagem grandiosa.

Falta de empatia: O narcisista geralmente tem dificuldade para entender ou para se conectar com os sentimentos e as necessidades dos outros. Ele pode ser insensível às emoções alheias e agir de forma manipuladora ou exploradora para alcançar seu próprio objetivo.

Exploração interpessoal: Ele pode se envolver em relacionamentos interpessoais de maneira superficial e instrumental, usando os outros para obter benefícios pessoal ou gratificação.

Fantasias de sucesso, poder e beleza: O narcisista frequentemente se envolve em fantasias de sucesso ilimitado, poder ou beleza. Ele pode exagerar suas conquistas ou talentos e buscar constantemente novas fontes de admiração e validação.

Inveja e ressentimento: Apesar de sua autoimagem grandiosa, o narcisista pode ser propenso a sentimentos de inveja e ressentimento em relação aos outros que percebe como mais bem-sucedidos ou talentosos. Ele pode reagir de forma hostil ou depreciativa em relação a essas pessoas.

Vulnerabilidade à crítica: Embora o narcisista geralmente se apresente como confiante e seguro, ele pode ser altamente sensível à crítica ou a rejeição. Ele pode reagir com raiva, humilhação ou desvalorização quando confrontado com feedback negativo.

Relacionamentos interpessoais instáveis: O narcisista pode ter dificuldade em manter relacionamentos interpessoais estáveis e satisfatórios devido à sua tendência a buscar admiração constante, falta de empatia e propensão à manipulação.

É importante reconhecer que o narcisismo existe em um espectro, variando de traços narcisistas leves a um transtorno de personalidade narcisista mais grave. Nem todos que exibem comportamentos narcisistas têm um transtorno de personalidade narcisista diagnosticável. No entanto, quando esses padrões de comportamento interferem significativamente na vida diária e nos relacionamentos de uma pessoa, pode ser indicativo da necessidade de intervenção terapêutica.

Os traços ou os transtornos de personalidades narcisistas podem estar presentes em homens e mulheres. É uma espécie de ferida latente que não cicatriza e que não tem cura, portanto, o narcisista vive do seu conteúdo Cnc.

O sujeito psicopata

O comportamento do sujeito psicopata é caracterizado por uma série de traços e padrões de interação social que refletem a falta de empatia, manipulação, superficialidade emocional e comportamento antissocial. Eis algumas características comuns do comportamento psicopático:

Falta de empatia: Os psicopatas têm uma incapacidade fundamental de se colocar no lugar dos outros e compreender seus sentimentos. Eles podem ser insensíveis à dor e ao sofrimento alheios, e muitas vezes tratam os outros como objetos para serem usados em benefício próprio.

Manipulação: Os psicopatas são habilidosos em manipular e enganar os outros para alcançar seus próprios objetivos. Eles podem usar mentiras, charme superficial e manipulação emocional para obter o que desejam, sem sentir remorso ou culpa pelo impacto que isso possa gerar nos outros.

Superficialidade emocional: Apesar de sua capacidade de simular emoções, os psicopatas geralmente precisam de profundidade emocional genuína. Suas expressões emocionais podem parecer artificiais ou superficiais, e eles podem ter dificuldade em entender ou experimentar sentimentos como amor, remorso ou compaixão.

Impulsividade: Os psicopatas tendem a agir impulsivamente, sem considerar as consequências de suas ações. Eles podem buscar gratificação imediata de seus desejos e necessidades, sem levar em conta o impacto a longo prazo em si mesmos ou nos outros.

Irresponsabilidade: Muitas vezes têm uma falta de responsabilidade pelos seus próprios comportamentos e ações e podem culpar os outros por seus problemas e fracassos, evitando assumir a responsabilidade por suas próprias escolhas.

Propensão à violência: Embora nem todos os psicopatas sejam violentos, muitos têm uma propensão aumentada para comportamentos violentos ou criminosos. Eles podem exibir agressividade física ou emocional em relação aos outros, sem sentir remorso ou arrependimento pelo dano causado.

Superioridade e narcisismo: Os psicopatas frequentemente têm uma visão grandiosa de si mesmos e de suas habilidades. Eles podem se considerar superiores aos outros e agir com arrogância e desprezo em relação às normas sociais e aos direitos dos outros.

Falta de remorso ou culpa: Uma das características mais marcantes dos psicopatas é sua falta de remorso genuíno pelo sofrimento que causam aos outros. Eles podem violar os direitos e sentimentos dos outros sem sentir culpa ou compaixão.

É importante notar que o comportamento psicopático é muitas vezes associado ao transtorno de personalidade antissocial, também conhecido como psicopatia ou sociopatia.

Narcisistas e psicopatas se regem pelos conteúdos Cnc.

O sujeito psicótico

Os comportamentos do sujeito psicótico podem variar significativamente dependendo do tipo e da gravidade do transtorno psicótico que estão experimentando. Transtornos psicóticos incluem condições como esquizofrenia, transtorno esquizoafetivo, transtorno delirante, entre outros. Eis algumas características gerais dos comportamentos associados aos transtornos psicóticos:

Alucinações: Os sujeitos psicóticos podem experimentar alucinações, que são percepções sensoriais sem uma fonte externa real. Isso pode incluir ouvir vozes, ver imagens ou sentir sensações que não são percebidas por outras pessoas.

Delírios: Os delírios são crenças irracionais e fixas que não são baseadas na realidade. Os sujeitos psicóticos podem ter delírios de grandeza, paranoia, perseguição, ciúmes ou controle, entre outros.

Desorganização do pensamento e da fala: Os sujeitos psicóticos podem exibir desorganização no pensamento e na fala. Isso pode incluir dificuldade em manter um fluxo lógico de pensamento, discurso incoerente ou irrelevante e dificuldade em se comunicar de maneira clara.

Comportamento desorganizado ou catatônico: Alguns sujeitos psicóticos podem exibir comportamentos desorganizados, como agitação, impulsividade ou imprevisibilidade. Outros podem manifestar catatonia, que envolve imobilidade, rigidez muscular ou comportamento repetitivo e sem propósito.

Isolamento social: Os sujeitos psicóticos podem se retirar do contato social e se isolar dos outros. Isso pode ser resultado do medo, desconfiança ou desconforto com a interação social, bem como da dificuldade em compreender ou se comunicar efetivamente com os outros.

Embotamento afetivo: Muitas vezes, os sujeitos psicóticos podem apresentar uma diminuição ou ausência de expressão emocional, conhecida como embotamento afetivo. Eles podem parecer apáticos, indiferentes ou sem emoção em situações que normalmente evocariam uma resposta emocional.

Comportamento autodestrutivo: Alguns sujeitos psicóticos podem exibir comportamento autodestrutivo, como automutilação, tentativas de suicídio ou comportamentos perigosos devido a delírios ou alucinações.

Problemas de funcionamento cotidiano: Os transtornos psicóticos podem afetar significativamente a capacidade do indivíduo de funcionar no dia a dia. Isso pode incluir dificuldades em manter emprego, cuidar de si mesmo, manter relacionamentos saudáveis e cumprir responsabilidades básicas.

É importante ressaltar que os transtornos psicóticos são condições médicas sérias que exigem avaliação e tratamento por profissionais de saúde mental.

Tais sujeitos também se regem pelos conteúdos Cnc.

O sujeito borderline

O transtorno de personalidade borderline -TPB, é caracterizado por uma variedade de comportamentos e de padrões de pensamentos que podem causar dificuldades significativas na relação social, emocional e interpessoal do indivíduo. Eis alguns dos comportamentos associados ao transtorno de personalidade borderline:

Instabilidade emocional: Os sujeitos borderline frequentemente experimentam emoções intensas e instáveis, que podem mudar rapidamente e de forma imprevisível. Eles podem passar por episódios de raiva intensa, ansiedade, tristeza ou irritabilidade, muitas vezes desencadeados por eventos aparentemente insignificantes.

Relacionamentos interpessoais instáveis: Os sujeitos borderline tendem a ter relacionamentos interpessoais instáveis e tumultuados. Eles podem alternar entre idealizar e desvalorizar as pessoas em suas vidas, mudando rapidamente de uma extrema devoção e adoração para sentimentos intensos de raiva, decepção ou rejeição.

Medo de abandono: Os sujeitos borderline frequentemente têm medo intenso e irracional de serem abandonados ou rejeitados por aqueles que amam. Eles podem se sentir desesperados e fazer esforços extremos para evitar o abandono, mesmo que isso signifique se envolver em comportamentos prejudiciais ou autolesivos.

Comportamento impulsivo: Os sujeitos borderline muitas vezes se envolvem em comportamentos impulsivos e de risco, como gastos excessivos, abuso de substâncias, comportamento sexual promíscuo, condução imprudente ou autolesão. Esses comportamentos podem ser uma tentativa de lidar com emoções intensas ou aliviar o sofrimento emocional.

Autolesão ou comportamento suicida: Têm uma alta incidência de autolesão e comportamento suicida. Eles podem cortar, queimar ou ferir a si mesmos como uma forma de aliviar a dor emocional intensa que estão enfrentando. Além disso, eles podem ter pensamentos recorrentes de suicídio ou tentativas de suicídio.

Instabilidade na autoimagem e identidade: Muitas vezes têm uma autoimagem instável e uma sensação de identidade fragmentada.

Eles podem ter dificuldade em saber quem são ou o que querem na vida, o que pode levar a mudanças frequentes de objetivos, valores ou identidade pessoal.

Reações intensas ao estresse: Podem ter dificuldade em lidar com o estresse e reagem de forma extremamente intensa a situações estressantes ou de crise. Eles podem se sentir sobrecarregados, incapazes de controlar suas emoções ou de funcionar adequadamente.

É importante reconhecer que o transtorno de personalidade borderline é uma condição complexa e multifacetada que afeta cada indivíduo de maneira diferente. O tratamento geralmente envolve uma combinação de psicoterapia, medicamentos e suporte social para ajudar o indivíduo a desenvolver habilidades de enfrentamento saudáveis, melhorar a regulação emocional e construir relacionamentos mais estáveis e satisfatórios.

Ressalto que o sujeito com TPB se rege pelo conteúdo Cnc.

O sujeito antissocial

O comportamento do sujeito antissocial caracteriza-se por uma falta de empatia, desrespeito pelas normas sociais e pelos direitos dos outros, bem como uma tendência a se envolver em comportamentos impulsivos e as vezes, violentos. Eis algumas das principais características e comportamentos associados ao TPA:

Desrespeito pelas normas sociais: Frequentemente violam as normas sociais e os direitos dos outros. Eles podem se envolver em comportamentos ilegais, como roubo, agressão, vandalismo ou manipulação, sem sentir remorso ou culpa.

Manipulação e engano: Podem ser hábeis em manipular e enganar os outros para obter vantagens pessoais. Eles podem mentir, enganar ou ludibriar as pessoas em situações pessoais ou profissionais, muitas vezes em benefício próprio.

Falta de empatia: Os sujeitos antissociais geralmente têm uma falta de empatia e preocupação pelos sentimentos e necessidades dos outros. Eles podem ser insensíveis ao sofrimento alheio e indiferentes às consequências prejudiciais de suas ações sobre os outros.

Irresponsabilidade: Eles tendem a ter uma falta de responsabilidade por seus próprios comportamentos e ações. Eles podem falhar em cumprir obrigações financeiras, profissionais ou familiares, e podem culpar os outros por seus próprios problemas e dificuldades.

Comportamento impulsivo: Muitas vezes agem impulsivamente, sem considerar as consequências de suas ações. Eles podem se envolver em comportamentos de risco, como abuso de substâncias, sexo sem proteção, direção perigosa ou envolvimento em brigas.

Falta de remorso ou culpa: Eles geralmente não demonstram remorso genuíno pelo sofrimento que causam aos outros. Mesmo quando são pegos ou punidos por suas ações, eles podem minimizar, justificar ou negar a responsabilidade por seus comportamentos.

Tendência à violência: Embora nem todos os sujeitos antissociais sejam violentos, muitos têm uma propensão aumentada para comportamentos agressivos ou violentos. Eles podem exibir agressão física ou verbal em relação aos outros, especialmente em situações de conflito ou desafio.

Falta de planejamento a longo prazo: Muitas vezes têm dificuldade em fazer planos a longo prazo ou em manter objetivos de vida consistentes. Eles podem viver no momento e buscar gratificação imediata de seus desejos e impulsos, sem considerar as consequências a longo prazo.

É importante ressaltar que o transtorno de personalidade antissocial é uma condição mental séria que requer avaliação e tratamento por profissionais de saúde mental qualificados. O tratamento geralmente envolve uma combinação de psicoterapia, medicação (quando indicado) e intervenções para ajudar o indivíduo a desenvolver habilidades sociais e emocionais saudáveis, bem como estratégias de enfrentamento alternativas, no entanto, como se observa nos demais transtornos, esses sujeitos não conseguem (ou apresentam demasiada dificuldade) e transformar Cnc em Cc.

Repetições

O conceito de repetição é fundamental e tem diversas ramificações em relação ao funcionamento psíquico e ao processo terapêutico.

A repetição, como concebida por Freud e posteriormente desenvolvida por outros psicanalistas, refere-se à tendência do indivíduo de repetir padrões de comportamentos, relacionamentos e situações que têm suas raízes no passado e estão relacionadas a experiências emocionais significativas.

Existem várias formas pelas quais a repetição é entendida na psicanálise:

Repetição de padrões de comportamento: Os indivíduos frequentemente repetem padrões de comportamento que refletem questões não resolvidas do passado. Isso pode incluir padrões de relacionamento disfuncionais, comportamentos autodestrutivos ou evasivos, entre outros.

Repetição de relacionamentos: As pessoas muitas vezes se encontram em relacionamentos que replicam dinâmicas familiares ou padrões interpessoais estabelecidos na infância. Isso pode incluir a escolha de parceiros que se assemelham a figuras parentais ou padrões de interação que refletem relacionamentos passados.

Repetição de situações traumáticas: Os indivíduos podem repetir situações ou eventos traumáticos em sua vida, muitas vezes de forma inconsciente. Isso pode ocorrer como uma tentativa de dominar ou resolver o trauma original ou como uma recriação simbólica do evento traumático.

Transferência e contratransferência: Na relação terapêutica, a repetição é frequentemente observada na forma de transferência, onde o paciente projeta emoções, expectativas e padrões relacionais do passado no terapeuta. Da mesma forma, o terapeuta pode experimentar contratransferência, onde suas próprias reações emocionais repetem dinâmicas do passado.

Repetição na análise: No processo terapêutico psicanalítico, a repetição é vista como uma oportunidade para explorar e compreender os padrões inconscientes do paciente. Ao repetir e examinar os padrões repetitivos de pensamento, sentimento e comportamento, o paciente pode ter insight e trabalhar em direção à mudança e ao crescimento psicológico.

A compreensão da repetição na psicanálise é crucial para o processo terapêutico, pois permite ao paciente e ao terapeuta explorar as origens inconscientes dos padrões repetitivos, facilitando assim uma maior compreensão de si mesmo e a possibilidade de mudança.

Anos de experiência me trouxeram uma profunda compreensão desses padrões de repetições que são externalizados de forma simples (e aparentemente 'inofensiva'), mas que implica fortemente no desempenho do sujeito, como:

a. "Nem tento fazer o bolo de fubá que a mamãe fazia porque não cresce ou fica papa".

Perceba que aqui há no sujeito o desejo de imitar a mãe (fazer o bolo igual ao dela) ou de mantê-la por perto (a lembrança do bolo dela), mas que, ao imitá-la (não precisar mais dela), tal desejo desapareceria, então prefere manter a mãe viva (o bolo delicioso) no desejo de não conseguir fazer o mesmo bolo (preciso dela). Então repete "não consigo".

b. "Eu sei que preciso mudar, mas tenho medo de fazer tal coisa porque se eu errar todos me julgarão".

Aqui o sujeito revela um padrão de repetição que mostra o seu desejo de permanecer na dor da qual reclama (que é não tomar a atitude e agir), provavelmente porque haja ali um ganho secundário que ele próprio desconhece. Afirma que se errar, será julgado, mas julgado pelo erro que nem cometeu?

Aqui vemos o sujeito que se prende na dor pelo medo de enfrentar a mesma dor.

c. "Sei que errei nas relações anteriores, mas na próxima não farei mais isso".

Quando o sujeito afirma ter errado nas relações anteriores, demonstra comportamento repetitivo que afasta o outro de si. Haverá sempre a tentativa de consertar os erros do passado na relação presente, porém, não enxerga que na relação atual não é a mesma pessoa e nem as mesmas situações do passado. É o repetitivo que traz essas questões nas relações presentes.

Portanto, caro leitor, os transtornos mentais dificultam e, em alguns casos mais severos, impedem que conteúdos Cnc se tornem Cc devido a desconexão com a realidade e por ausência do desejo de mudança. A permanência no status quo revela uma tendência de o sujeito manter as coisas como estão, e por isso resiste à mudança ou a qualquer tentativa de nova experimentação. Essa resistência, sob a ótica da psicanálise, pode revelar que a permanência no status quo seria como uma manifestação do princípio do prazer, no qual o indivíduo busca evitar o desconforto ou a ansiedade associada à mudança.

Essa resistência pode acontecer não apenas internamente, mas também com o externo:

a. No trabalho pode haver resistência à mudança no quadro organizacional, mesmo que este esteja deficiente;

b. Pode haver discordância com algumas normas e regras sociais, mas o sujeito se acomoda,

c. O relacionamento não está bom, mas para evitar o 'pior', acaba aceitando a situação,

d. Não está satisfeito com o desempenho do seu político, mas opta pela lealdade partidária,

e. Admite que as coisas não andam bem na sua vida, mas permanece para evitar os desafios ou riscos.

Embora a permanência no status quo possa oferecer uma sensação de segurança e estabilidade, também pode limitar o progresso, a inovação e o desenvolvimento pessoal. Na psicanálise, o reconhecimento e a exploração das resistências à mudança podem ser importantes para o crescimento psicológico e emocional do sujeito, permitindo-lhe superar padrões de comportamentos obsoletos ou disfuncionais, como observamos no determinismo psíquico.

O caso Emily (nome fictício):

Veja mais um exemplo de elaboração que nos leva a entender o que de fato significa transferir conteúdos Cnc para o plano Cc. Este caso é clássico no sentido de compreender como as repetições interferem no dia a dia.

Paciente abre a sessão dizendo que saiu com as amigas e que a felicidade delas a incomodava de alguma forma. Via as amigas se divertindo e dançando num pagode onde foram passar algumas horas. Disse não saber ao certo descrever o sentimento, mas que as vendo se divertindo sentia algum desconforto, uma espécie de incômodo.

- Então perguntei: Ficou incomodada ou triste? Inveja ou ciúme? Desejo de estar lá dançando com elas? Tente falar sobre esse sentimento.

Ela respondeu apenas que se sentiu isolada das amigas, mas que gostaria de estar lá com elas, mas que não tinha vontade de ir.

Na mesma sessão disse que o ex-marido brigava com ela e que as vezes iam às vias de fato, até com agressões físicas. Descreveu algumas situações e relatou a sua falta de privacidade em relação ao ex-marido porque ele a cobrava de tudo, censurava tudo, reclamava de tudo.

Falou também sobre a educação com os pais e sobre a relação com o pai, que era castrador ao extremo, tipo: não pode fazer assim ou tem que se comportar ou precisa se dar ao respeito ou cuidado com o que os outros vão falar, etc.

Depois, sem relação com os fatos anteriores, falou sobre não gostar de palhaços.

- Perguntei: Por que não gosta de palhaços? Tem medo deles? Ele a assusta?

- Não sei explicar.

Logo começou a falar sobre o atual namorado e 'reclamou' porque ele não a questiona sobre onde vai ou com quais amigas vai sair, chegando até a pensar: *"será que ele não gosta de mim e por isso não liga se estou saindo com as amigas"*?

Observe que aqui temos:

1. Um caso típico de superego excessivamente castrador/proibidor que a impede de realizar desejos simples, como dançar com as amigas, por exemplo. Uma relação edipiana bastante complexa,

2. O ex-marido censurador se comportava de forma parecida com o pai dela, tentando impor regras e até de comportamentos no casamento,
3. Se incomodar com as amigas dançando pode representar a repressão do desejo de estar lá, e, por isso, deslocar ou projetar nelas o sentimento de incômodo, como que se elas não pudessem se divertir ou que, por elas estarem se divertindo, estaria (eu) sendo punida ou privada disso, como fizeram o pai e o ex-marido,
4. O atual namorado a deixa livre para sair com as amigas e também para fazer o que precisa sem cobrá-la ou questioná-la.

No entanto, a não cobrança do atual namorado a incomoda porque acostumou-se com as cobranças extremadas e, permiti-la ir lhe parece 'bom demais', ou seja, seu inconsciente, através do determinismo psíquico, lhe sugeria que ser cobrada e questionada seria o 'normal', afinal, essa repetição lhe parecia necessária,

5. E o palhaço? Como fica neste discurso?

Bem, aqui eu precisei estabelecer os elos do seu discurso para ajudá-la a elaborar tudo.

Fiquei intrigado com a história do palhaço porque parecia não se encaixar no contexto das brigas com o pai e com o ex-marido, nem com o fato de se incomodar com as amigas se divertindo e nem com a liberdade que o atual namorado lhe proporciona.

Porém, ao vê-la repetindo o discurso, tive um insight e liguei o palhaço com a alegria que, por certo, não combina com a sua tristeza de relembrar as brigas com o pai e com o ex-marido, e que, de certa forma, a mesma alegria na relação com o atual namorado – por confiar nela e deixa-la livre, não lhe parece ser merecedora.

Uau, fiquei feliz por ter sacado isso. Mas agora eu precisava fazer alguma devolutiva para ajudá-la a elaborar tudo isso.

Veja o nosso diálogo:

- Você disse que não gosta de palhaço, certo?
- Sim, não gosto de palhaços.

- Sempre foi assim, desde criança?

- Não, quando eu era criança eu ia nos circos e me divertia com eles.

- E quando começou essa história de acreditar que não gosta dos palhaços?

- Não sei explicar.

- O palhaço oferece algum risco a você?

- Não, claro que não.

- Você acha normal ter medo ou não gostar de palhaços?

- (riu e fez careta) isso parece doideira, né?

- Não é doideira, trata-se apenas de entender o motivo que, em algum momento, lhe criou essa sensação de não gostar de palhaços.

A essa altura eu já estava convencido de que gostar de palhaços significava diversão e alegria para ela, no entanto, estar alegre e divertir era algo "proibido". O seu superego não lhe permitia ser plenamente livre e feliz. Portanto, se ser feliz e alegre não lhe é permitido, então o palhaço não pode ocupar este lugar na mente, por isso não gostar dele é o que 'devo fazer', afinal, "não posso ser feliz e nem alegre".

E prossegui o diálogo na tentativa de fazê-la elaborar isso:

- Seu pai te cerceava de brincar com a amiguinhas?

- Sim, tinha que ficar em casa e me comportar.

- Então você não era feliz?

- Plenamente, não.

- Seu ex-marido também lhe tornava triste?

- Sim, igual ao meu pai.

- O palhaço batia em você?

- Não, nunca.

- Então o palhaço não tem nada a ver com seu pai ou com o ex-marido?

- Não, nada a ver.

- O palhaço significa alegria?

- Sim.
- Seu ex-marido te trouxe alegria?
- Não.
- Seu ex-marido tem algo a ver com o palhaço?
- Não, nada a ver.
- Ser alegre e feliz é bom ou ruim?
- Bom, é claro.
- O palhaço te proporcionava alegria ou tristeza?
- Alegria, eu gostava de ir ao circo.
- Você acha estranho que o seu namorado atual não lhe cobre e nem te questione?
- Sim, parece que não gosta de mim.
- Não a cobrar e nem a questionar, é bom ou ruim?
- É bom, mas estranho.
- Por que você acha isso estranho?
- Não sei, parece que não se importa comigo.
- Então você acha que ele precisa te cobrar e te vigiar?
- Não, não quero isso.

Bom, até aqui ela não percebia o elo entre o palhaço – que representa alegria com a tristeza dos relacionamentos com o pai e o ex-marido – que representavam tristeza. Não percebia também que sentir-se incomodada com as amigas se divertindo representava a 'proibição' de ser feliz. Então, não ser feliz lhe remetia a ideia de que o palhaço 'não me é permitido'.

Então prossegui:
- Se ex-marido lhe trazia tristeza?
- Sim.
- Suas amigas se divertindo lhe causava incômodo?
- Sim.
- E o que o palhaço tem a ver com isso se ele lhe trazia alegrias? Que culpa tem o coitado do palhaço pela tristeza provoca pelo seu ex-marido? É o palhaço que lhe impede de dançar com as amigas? O palhaço deveria exigir do seu namorado atual que torne triste de novo?

- (respiração profunda ... expressão de admiração ... olhos fitados em mim ...) silêncio.

- E insisti: então se eu não gostar do palhaço me sentirei triste, assim como sentia com o pai, com o ex-marido ou com as amigas se divertindo ... que palhaço danado que me deixa feliz, né?

- (silêncio e respiração profunda) gaguejou e murmurou algo.

- Parafraseei: introjetei de papai que não posso ser feliz e ratifiquei isso com meu ex-marido. Depois me incomodei com a diversão das amigas. Depois parece que desejo ser triste de novo com o atual namorado. Perece que me é proibido ser livre e ser feliz. Mas eu preciso deslocar esses sentimentos para algum lugar ... (e fiquei em silêncio).

- Nossa! Eu apaguei minha alegria na figura do palhaço e disfarcei meu desejo de dançar projetando nas amigas a tristeza que preciso viver ... que coisa estranha!

Parafraseei (de novo) esse discurso e logo em seguida ela falou:

"nunca havia pensado nisso. De fato, não há motivo para não gostar de palhaços. Eu queria mesmo é estar dançando com elas. Meu namorado quer a minha liberdade e felicidade, mas parece que eu não estou me permitindo ... não é o palhaço e nem as amigas e nem o meu namorado ... sou eu que não me permito ser feliz ... parece que tenho receio de ser feliz ... palhaço é alegria ... dançar é gostoso"

Como ela é estudante de psicanálise e já conhece muitos conceitos, tal qual ocorre numa análise didática, expliquei a ela sobre o poder/controle do superego e sobre o determinismo psíquico, que nos impõem comportamentos repetitivos e que, por isso, nos prendem nos traumas da infância.

Ela entendeu (ao elaborar) que não gostar de palhaços justificaria o fato de acreditar que não merece ser feliz, ou que ser feliz é mentira do palhaço porque felicidade não existe (ou não deveria existir).

Observe que os conteúdos Cnc, e, neste caso, a crença de que 'não mereço ser feliz' impele o sujeito a repetir comportamentos que o prendem no mesmo lugar de onde diz querer sair. Permanecer neste lugar de sofrimento é ordem impressa na mente, mais precisamente no superego, que aprendeu que precisa agir desta forma. Porém, com a análise pessoal, tais aprisionamentos começam a fluir no discurso e se tornam conscientes, e, com o tempo, podem se tornar cientes, como neste caso.

É claro que a analisanda saiu da sessão com a cabeça a mil (rs), mas, como sugere Lacan, até que a próxima sessão aconteça, ela refletirá, elaborará, ficará triste, se sentirá desamparada, terá a sensação de tempo perdido lá atrás, terá desejos de sair com as amigas para dançar, pensará melhor antes de 'reclamar' da falta de 'reclamação' do atual namorado e, em especial, provavelmente desperte nela o desejo de rever sua posição em relação ao palhaço.

Não posso afirmar que ela tenha elaborado e ressignificado a sua vida nesta sessão, mas certamente que teve insights importantes que a ajudarão a rever alguns comportamentos. E, parafraseando Lacan: "a melhor sessão será a próxima porque ela trará novos discursos com novos significados agregados à última sessão", e será isso, a continuidade do discurso, com novos significados, que me ajudarão a compreender a cadeia de significantes que geraram toda essa significação na sua vida. Quanto mais ela elaborar, mais se tornará Cc.

Evitando repetições

É a repetição que nos mantém no mesmo lugar da dor, porém, há situações em que, independentemente do determinismo psíquico – que é um mecanismo inconsciente de repetir e repetir, quando o sujeito assume a responsabilidade do ato, ou seja, quando ele sabe que determinada dor vem de determinada situação, ele pode sim provocar a mudança mudando o seu comportamento, como nos seguintes eventos:

a. "Cada vez que vou naquele lugar eu me sinto isolado e não pertencido porque as pessoas nem notam a minha presença".

Ora, se o sujeito tem a consciência de que é aquele lugar e aquelas pessoas que lhe causam mal, e mesmo assim continua indo lá, isso mostra que o Cnc lhe remete a repetir isso, no entanto, se decidir mudar buscando novos lugares ou pessoas, certamente aquele seu desconforto acabará.

b. *"Nas festinhas da empresa é sempre aquela coisa chata, monótona e repleta de falsidades".*

Ora, ou o sujeito deixa de frequentar tais festinhas e muda as relações interpessoais ou continuará reclamando da mesma coisa eternamente.

c. *"Gosto do meu namorado, mas ele me faz passar vergonha quando estamos com os amigos porque ele diz que sou burra".*

Se ela sabe que o namorado a envergonha chamando-a de burra e isso a entristece, ora, talvez precise buscar ajuda psicológica para entender se gosta mesmo do namorado ou se a relação tóxica a prende por ser dependente emocional, afinal, não tem sentido lógico caminhar ao lado de pessoas – sejam elas quem forem – que trazem a infelicidade.

d. *"Minha mãe vive ditando regras e dizendo que preciso fazer isso e aquilo. Puxa-vida, já sou casado e nem minha esposa faz isso".*

Aqui vemos o clássico caso do complexo de Édipo agindo no sujeito porque ele não consegue se livrar da mãe. Claro que isso é muito comum na clínica e vemos todos os dias, porém, o sujeito fala claramente que 'já é casado' e que 'a mãe dita normas'. Então, neste caso, embora não tão simples, por se tratar de um dos conceitos mais basilares da psicanálise, o sujeito precisa agir e entender que agora a sua família é a sua esposa e seus filhos, e que mãe, embora continue a amando, não pode mais dar pitacos na sua vida. E precisa comunicar isso a ela, senão, ficará aprisionado no édipo mãe o resto da sua vida.

e. *"Meus amigos são chatos e desanimados. Tudo o que eu falo parece não ser importante para eles".*

Aqui o sujeito precisa entender, com a ajuda do seu analista, o motivo que o leva a ficar no mesmo ciclo de amizades, já que os amigos atuais não lhes dão a atenção que deseja ou espera. Aqui é o clássico reclamar do cacto, mas continuar abraçado com ele.

Nos exemplos acima, assim como noutros tantos casos onde o sujeito identifica facilmente a origem da dor e continua ali, por certo há ausência da ação imediata para mudar os resultados. Ficar reclamando que tal lugar ou pessoas lhes fazem mal, mas continuar convivendo, por óbvio, há um desejo do reclamar - que chamo de gozo na dor, ou seja, a dor real não está exatamente na relação que diz ser ruim, mas no prazer de reclamar para chamar a atenção e ganhar afeto.

Repito que nestes casos onde se identifica a causa da dor (sintoma cuja causa está consciente) e há o desejo de mudar, o sujeito precisa seguir alguns passos, como:

a. Frequentar novos lugares,

b. Conhecer novas pessoas,

c. Viver novas experiências,

d. Absorver novas ideias,

e. Mudar comportamentos,

f. Permitir-se ao novo,

g. Experienciar,

h. Caminhar por novas estradas,

i. Buscar novos desafios saindo na inércia,

j. Descobrir novos resultados.

Permanecendo na lama o sujeito sabe da sua condição de sujeira, portanto, precisa descobrir se o seu desejo real é ficar sujo para que o outro o console e o limpe o tempo todo, ou, de maneira Cc, se quer de fato tomar um bom banho para ficar limpo.

Reflexão

O que te move? Qual é o seu desejo? Como se vê no futuro? Qual é o seu propósito?

A pergunta clássica da psicanálise sobre o que nos move e qual é o nosso desejo é profundamente enraizada na busca pela compreensão da natureza humana e da motivação subjacente às nossas ações e aspirações. Na filosofia este sempre foi e é tema central. Para a psicanálise essa indagação remonta às teorias de Sigmund Freud e foi posteriormente explorada e expandida por outros psicanalistas, como Jacques Lacan.

Em sua essência, a psicanálise considera que nossos desejos e motivações são influenciados por forças inconscientes que moldam nossa psique e nosso comportamento. Essas forças podem ser de natureza instintiva, como os impulsos sexuais e agressivos, ou podem ser moldadas por experiências passadas, traumas, relações familiares e influências culturais.

Para Freud, o desejo é intrinsecamente ligado ao princípio do prazer, uma força motivadora que busca a satisfação das necessidades biológicas e psicológicas. Ele afirmou que grande parte do nosso comportamento é impulsionada por impulsos inconscientes que buscam gratificação. No entanto, Freud também reconheceu a complexidade do desejo humano, observando que muitas vezes nossos desejos podem ser conflitantes e ambivalentes.

Jacques Lacan trouxe contribuições importantes para a compreensão do desejo ao introduzir o conceito de "desejo do Outro" e a ideia de que o desejo humano é essencialmente um desejo mediado pela linguagem e pela cultura. Para Lacan, o desejo não é simplesmente a busca por um objeto específico, mas é moldado pela interação com o mundo social e simbólico.

Nesse contexto, quando somos questionados sobre o que nos move e qual é o nosso desejo, somos desafiados a explorar as camadas profundas de nossa psique e a reconhecer as influências conscientes e inconscientes que moldam nossos desejos e motivações. Em um nível superficial, nossos desejos podem se manifestar como aspirações pessoais, metas profissionais ou relações interpessoais. No entanto, uma análise mais profunda pode revelar motivações subjacentes, traumas não resolvidos, complexos de Édipo ou dinâmicas familiares que moldam nossas escolhas e comportamentos.

Ao explorar e compreender nossos desejos, podemos ganhar insights valiosos sobre nós mesmos e sobre as forças que nos impulsionam. Isso pode nos capacitar a fazer escolhas mais conscientes e autênticas em nossas vidas, buscando a realização pessoal e a harmonia interior. No entanto, esse processo de autoconhecimento e autodescoberta pode ser desafiador e muitas vezes requer a orientação de um terapeuta ou analista para nos ajudar a navegar pelas complexidades da psique humana.

Portanto, descobrir qual é verdadeiramente o seu desejo pode ser desafiador e complexo demais, afinal, se o nosso desejo é movido pelo desejo do outro (Lacan), como descobrir se o desejo que você tem é seu de fato ou se está influenciado?

Eis aqui um processo que exige autorreflexão cuidadosa, afinal, tal resposta pode ser difícil de ser encontrada, no entanto, há caminhos para isso:

a. Reservar um tempo para pensar sobre si mesmo. Conectar-se com o seu interior. Entender sobre o sentimento do desejo e sobre a necessidade da sua realização. Tal desejo é algo de que você precisa ou é apenas uma resposta a pressões externas ou são expectativas sociais?

b. Este desejo é autêntico, ou seja, veio de dentro como uma necessidade sua ou é apenas uma resposta a uma cobrança externa ou influência das pessoas ao seu redor?

c. Este desejo alinha-se com aquilo que você acredita e concebe como valores da sua vida? Te libertará de alguma prisão mental ou te prenderá ainda mais? Pergunte a si mesmo se você está seguindo esse desejo porque acredita que é o que "deveria" querer, ou se realmente o deseja de forma autêntica.

d. Analise a sua história pessoal e experiências passadas para identificar padrões de comportamento e motivações subjacentes. Questione se há eventos passados ou relacionamentos que possam estar influenciando seus desejos atuais de maneira inconsciente.

e. Verifique e reflita sobre eventuais incongruências entre o que você diz querer e o que realmente sente. Se você se sentir desconfortável ou insatisfeito ao buscar um determinado desejo, isso pode ser um sinal de que não é verdadeiramente seu.

f. Procure conversar consigo mesmo de forma aberta e honesta e esteja disposto a questionar suas próprias crenças e se está a vontade para assumir a responsabilidade pelos desejos e escolhas.

g. Pense sobre um determinado desejo e busque pela seguinte resposta: preciso disso ou farei apenas para não desagradar o outro?

Se continuar em dúvida ou dificuldade para discernir sobre a origem de seus desejos ou se sentir preso em padrões de comportamentos que parecem ser influenciados pelo desejo do outro, considere a necessidade de procurar ajuda de um psicanalista.

Sincronicidade

Numa viagem ao Maracanãzinho com o padre e amigo Antônio Maria, no Rio de Janeiro, onde o sacerdote celebrou uma missa maravilhosa, repleta de cânticos e homenagens, para um público de aproximadamente dez mil pessoas, ele fez uma homilia impecável onde destacou os talentos e os dons naturais das pessoas, refletindo sobre as profissões. O padre enfatizou que o mais importante do que fazer algo, é fazer com amor e dedicação para que os resultados sejam os desejados. Ele comparou o sucesso com o fracasso e afirmou que *"não existe coincidência, mas resultado do esforço empreendido naquilo que se faz"*. O sacerdote disse, de forma mais coloquial, que os resultados são apenas reflexos daquilo que fazemos, como na colheita das sementes lançadas.

Depois da celebração eu comentei com ele sobre este trecho da homilia, onde afirmou que *"coincidência não existe"* e, em seguida, ele ratificou o seu pensamento dizendo que *"coincidência é mero acaso e que planejar os resultados é providência e não casualidade"*. E nunca mais esqueci disso.

Bem, depois de algum tempo entrei em contato com as teorias de Carl Gustav Jung e, dentre tantos conceitos, me deparei com a teoria da sincronicidade, que, salvaguardando as proporções, encaixa-se naquilo que ouvi do Padre Antônio Maria, afinal, para Jung a sincronicidade é a ocorrência de eventos aparentemente coincidentes que têm significado ou relevância para uma pessoa. Ele fala sobre casualidade e causalidade, que são conceitos muito distintos. Entendi que casualidade é algo que ocorre por acaso, e que causalidade é consequência de uma ação.

Para Jung a casualidade representa uma forma de conexão significativa entre eventos que não têm uma relação de causa e efeito. Em outras palavras, ele sugeriu que certos eventos podem ocorrer simultaneamente ou em sequência, apesar de não estarem ligados por uma explicação causal tradicional, ou seja, são eventos que ocorrem e que chamamos de coincidência boa quando o fato é bom ou de azar quando é ruim.

Já a sincronicidade, para Jung, são coincidências significativas de sonhos, planos e eventos da vida real, encontros fortuitos com pessoas importantes ou a descoberta de informações relevantes no momento certo, e relacionou isso ao conceito de inconsciente coletivo, uma camada profunda da psique humana compartilhada por toda a humanidade. Ele acreditava que a sincronicidade poderia ser uma manifestação desse inconsciente coletivo, conectando eventos de forma significativa além do que seria explicado pela casualidade normal. Então, para Jung, a sincronicidade é algo que vem de dentro, lá do inconsciente.

Para Jung a sincronicidade representa a interconexão significativa entre eventos aparentemente não relacionados, sugerindo uma ordem subjacente ao universo que vai além da explicação causal tradicional, e que pode estar relacionada ao funcionamento do inconsciente coletivo. Mais tarde Lacan, sem citar diretamente Jung, diz que a manifestação inconsciente pode ocorrer na relação com o outro, ou seja, que os inconscientes podem se comunicar sem que isso esteja consciente nos interlocutores, ratificando o pensamento de Jung sobre o inconsciente coletivo.

De qualquer maneira, tanto para Jung como para Lacan, o sujeito conecta-se consigo através da linguagem, seja presente ou herdada dos antepassados, então, tais conteúdos Cnc acabam por controlar o sujeito, até que este decida afrontar aquilo que o incomoda de alguma forma.

Isso quer dizer que ficar vagabundeando com a bunda na cadeira, sem dinheiro, sem trabalho e sem condições financeiras para nada, e esperar tropeçar numa mala de dinheiro para depois dizer *"que coincidência maravilhosa porque este dinheiro veio no momento certo"*, certamente este sujeito colherá aquilo que semeou: nada. No entanto, por ter noções de ato-consequência ou ação e reação, o sujeito herda do inconsciente coletivo o senso de que para ter dinheiro ele precisa trabalhar e, então, ele semeia e colhe. Sincronicidade, portanto, é tudo aquilo que resulta de algo interior, da percepção interna, do desejo de que aquilo aconteça. Poderíamos, contemporizando a ideia, sugerir que, de acordo com a neurociência, os neurônios espelhos de dois sujeitos se conectam e se comunicam quando ambos têm a mesma percepção ou pensamento sobre determinada coisa.

Diante disso, penso que quando se planeja, se persegue, dedica-se e desafia-se para determinado propósito, o sujeito haverá de estabelecer uma sincronia entre a ação e o resultado, assim como ocorre quando duas pessoas (quase) conversam sem que emitam uma única palavra. É a isso que não chamo de coincidência, mas de sincronicidade.

Portanto, sincronizar os conteúdos inconscientes com o consciente para que estes se tornem Cc através da experimentação é o caminho da cura. Creio ser o desafio para quem deseja superar os traumas e as dores recalcadas.

Porém, por óbvio, não é um caminho simples e nem um desafio fácil de aceitar, por isso muitas pessoas resistem e evitam a mudança. Sair da zona de conforto, por este lugar oferecer uma aparente tranquilidade, exige profundo autoconhecimento, e autoconhecimento profundo vai muito além do saber o que deseja hoje, mas entender as causas de tais desejos. O autoconhecimento profundo exige mais do que um simples pensar sobre si, mas uma imersão realmente profunda no sentido de entender-se como pessoa para reconhecer as falhas, os silêncios, os choros, as indecisões, o acovardamento diante de uma situação que exigia atitude, a falta de iniciativa e a aceitação das toxidades ao redor. Autoconhecer-se é entender a causa do sintoma.

Nesta busca do autoconhecer-se é importante refletir sobre pequenas coisas que podem explicar o seu sintoma:

- Não feche a porta para quem deseja ir.
- Permita que a sua criança interaja com você de vez em quando, não no sentido agir como criança, mas de brincar como ela.

- Não coma jiló se você não gosta de jiló.
- Aquilo que te incomoda no outro pode ser conteúdo seu e com o qual não consegue lidar (Freud).
- Nem sempre é o outro que te provoca. Pode ser apenas uma reação a sua ação.
- A culpa pode não ser do outro, mas responsabilidade sua.
- Se você não falar sobre o que sente, o outro nunca saberá.
- As coisas não precisam ser sempre do seu jeito.
- Você precisa da validação do outro para acreditar em si?
- Se você sabe que aquilo dói, então fale sobre isso.
- Se a prisão o atormenta, então reflita sobre como sair dela.
- Se não gosta do lugar onde vive, evite estar ali.
- Reflita sobre o desejo que te move hoje.
- Se você não experienciar, ficará preso no desejo e na opinião do outro.
- Isso que você faz é desejo seu ou para agradar ao outro?
- Se você não suporta a mudança, pode ser que você não esteja disposto a enxergar a verdade (Lacan).
- Se quer ser visto, não evite a vitrine. Permita-se e exponha-se.
- Se você acha que agora é tarde para recomeçar, talvez você nunca tenha se movido (efetivamente) neste sentido.
- Você diz que precisa mudar, mas, lá no fundo, você quer mudar?

Portanto, busque a conexão entre aquilo que sente e a causa, depois sincronize este sentimento com uma ação efetiva que possa mudar essa realidade. Desafie-se.

CONCLUSÃO

O conteúdo Cnc é tudo aquilo que aprisiona o sujeito e o mantém na repetição ou na não realização dos próprios desejos, afinal, mantê-los (os conteúdos) não cientes (Cnc) é viver na clausura do sintoma. Entender os significantes ou motivos que levam o sujeito a permanecer neste estado de prisão mental, é o desafio do psicanalista que se propõe de fato a entender e a ajudar o seu paciente.

Diversos tipos de transtornos, como os que vimos aqui, não contribuem com as elaborações ou experenciações do sujeito porque, devido ao transtorno em si ou a alienação ou a castração severa ou a doutrinação, ele vê dificuldade para enxergar a realidade lá fora, mantendo seus conteúdos introjetados no plano do Cnc porque, mesmo na dor, o sujeito, através de mecanismos de defesa, encontra algum tipo de ganho secundário, evitando estar Cc porque teria que se desafiar para derrubar paredes mentais a fim de enfrentar e entender o novo.

Considero também que as cicatrizes da infância podem levar o sujeito a desenvolver comportamentos decorrentes da sua formação na primeira infância, como o autocontrole e a autogestão, por exemplo, e tais comportamentos podem ter ligação com o falo. O pai da psicanálise, Sigmund Freud, teoriza o falo não simplesmente de olho no órgão genital masculino, mas como símbolo de poder ou de controle ou de potência. Ele é central na teoria do desenvolvimento psicossexual, especialmente nas fases da organização da libido e na dinâmica dos complexos de Édipo e de castração.

E, dependendo de como aconteceu isso: o desenvolvimento psicossexual, a castração e a transição edipiana (ambiência), e através da observação na clínica, entendo que o adulto terá comportamentos distintos ao longo da sua vida, isto é, uns poderão ter pleno domínio do falo (poder e autogestão), assumindo o protagonismo, enquanto que outros se perderão nas indecisões e dependência emocional, sempre carecendo da opinião do outro, vivendo quase que como um coadjuvante da própria vida, tornando-se presas fáceis da alienação ou doutrinação.

Freud sugere que durante o desenvolvimento infantil, as crianças experimentam um desejo inconsciente por seu progenitor do sexo oposto e rivalidade com o progenitor do mesmo sexo. O "falo" aqui é percebido como um objeto de desejo para ambos os sexos. O menino teme perder seu pênis como punição por seus desejos incestuosos (ansiedade de castração), e a menina desenvolve inveja do pênis, um desejo de possuir um pênis como igualdade aos meninos, que simbolicamente representa ter o poder e as prerrogativas sociais associadas ao ser masculino.

A analogia de Freud vai além da referência ao pênis em si porque ele cria um simbolismo extremamente importante: o falo passa a representar o poder, o controle, o destaque social etc. E nesta fase muitas coisas acontecem, e que, por certo, impactará na vida adulta, como a percepção ou não de estar no controle de algo, a posição ou não de objeto de desejo dos pais, a percepção ou não da valoração e da aceitação dos cuidadores, que refletirá na vida adulta, revelando um sujeito seguro de si ou fraco e indeciso.

Sobre a fase fálica Freud conceitua o desenvolvimento psicossexual, que ocorre aproximadamente entre os três e seis anos de idade. Durante este período, a libido da criança (energia sexual) está focada nos órgãos genitais. O falo, como símbolo, torna-se um ponto central para a formação de identidade e desejo.

Nesta fase Freud afirma que a criança começa a se formar como sujeito e, portanto, é uma fase que corroborará com o que eu trouxe acima: uma criança que desfruta ou não de uma ambiência salutar, estruturando a base da personalidade forte ou deficitária, o ego que será ou não suficientemente sólido para a autogestão quando adulto.

Sobre a castração, no contexto psicanalítico, não se refere a uma remoção física, mas a uma perda simbólica relacionada ao poder, à potência e ao status. A "ameaça de castração" é usada por Freud para explicar certos tipos de ansiedade e formação de caráter tanto em meninos quanto em meninas.

Então, por dedução, nesta fase ocorre aquilo que chamo de estopim dos gatilhos emocionais e comportamentais do adulto, seja aquele que assumirá o protagonismo ou o papel de coadjuvante da própria vida.

É na castração, mais popularmente conhecida como a fase da imposição de normas e de limites – que culminará com a estruturação do superego do sujeito, que definirá se o adulto se comportará de forma mais independente ou não.

Castrações extremamente severas, onde reina o 'não sabe' ou 'não pode' ou 'não consegue' ou 'só faz errado' ou 'preciso fazer tudo por você' ou 'você vai se dar mal na vida' etc., certamente resultará num adulto indeciso e dependente do outro, ou seja, com 'falo menor' ou com 'falo reduzido' ou, melhor explicando, um sujeito com muita dificuldade para assumir riscos ou enfrentar as adversidades, com muita dificuldade de assumir o controle da situação.

Por outro lado, quando a castração é inversa ou inexiste, num ambiente onde prevalece a permissividade, sem a quebra da fantasia da criança ou sem a imposição de normas e regras, o adulto não saberá lidar com as próprias questões, podendo desenvolver comportamentos perversos ou manias persecutórias, além da busca constante da própria personalidade – que foi 'malformada' ou não estruturada. Neste caso o falo praticamente inexiste. Pode haver uma dissociação da própria identidade.

Então, por certo, a criança que se desenvolve num ambiente favorável, onde a castração ocorre dentro daquilo que Winnicott chama de ambiente bom, com diálogo e imposição de regras e de normas sem punições severas ou agressões e com explicação de cada não, a criança aprenderá que nem tudo aquilo que deseja é possível ter. Aprenderá que precisa obedecer a certos critérios, a respeitar o próximo, a entender o tempo das coisas, a se ver no organograma da família, a assumir responsabilidades desde cedo, a fazer pequenas tarefas em casa, a respeitar a escola e o professor etc. Tal adulto aprenderá a buscar aquilo que deseja, desenvolvendo um falo ideal que lhe assegure a autogestão.

O falo para Freud é um conceito simbólico ligado a questões de poder, desenvolvimento sexual e identitário. É um conceito-chave para entender sobre a sexualidade humana e a formação da identidade psicológica.

Portanto, um falo 'menor ou pequeno', é observado num adulto que não consegue enfrentar os desafios da vida, que evita assumir posições de destaque, que tem dificuldade para assumir cargos cujas responsabilidade lhe serão cobradas, que não assume o papel de pai ou de castrador dos filhos, que se cala, que se fecha, que se isola, que teme decidir, que se retrai diante de algo novo, que não arrisca, que duvida de si, que não vislumbra crescimento, que se vê incapaz, que se acovarda em várias situações onde poderia arguir ou explicar-se, que se vitimiza, que reclama o tempo todo, que se sente menor que o outro etc. Aqui observamos um superego excessivamente opressor que pode inibir o desejo de desejar e, inclusive, levar o sujeito a desenvolver a síndrome do impostor ou alguns tipos de neuroses, como a do fracasso, por exemplo.

Já no adulto com 'falo ideal', observamos comportamentos que revelam a sua personalidade e desejo de desalienar-se. Este adulto busca o que deseja, planeja e executa os sonhos, sabe discutir e manter a sua posição, tem confiança em si, acredita que consegue, administra situações de conflitos, não se acovarda facilmente, não foge do embate, assume responsabilidades, calcula riscos, empreende, relaciona-se socialmente com grande facilidade, deseja um futuro sempre melhor e mais próspero etc. Neste adulto há um superego ponderado, nem opressor e nem permissivo demais. Um sujeito repleto de desejos e de planos que dificilmente se permitirá alienar-se ou ser doutrinado.

Ressalto, no entanto, que adultos cujo falo é desproporcional ou 'hiper exagerado', onde o excesso de confiança o domina, seus comportamentos podem aproximar-se do narcisismo patológico, da psicopatia, do sadismo e da perversão. Estes, portanto, são os que potencialmente alienarão os de 'falo menor'.

Com os exemplos trazidos neste livro, aliados à sua experiência de vida ou como profissional da saúde mental, espero tê-lo ajudado a compreender sobre as dificuldades que o sujeito encontra para sair da dor. Vimos que muitos relutam, mas conseguem porque entendem que a dor é maior do que o desejo de mudar. Outros tentam, mas evitam o autodesafio por causa do medo da mudança. E há os que sequer cogitam mudar porque a sua estrutura psíquica está formatada para agir como sempre agiu, como que se tivesse sido programado para tal, como ocorre com os sujeitos cujos transtornos são de moderados para grave, assim como com os doutrinados ou alienados.

O exercício da psicanálise exige do analista profundo e inegociável comprometimento com o paciente e não consigo. Exige que ele ceda o pódio para o seu paciente, além da sua renúncia completa e irrestrita de valores.

Ser psicanalista é entregar-se à arte de psicanalisar, sem selvageria ou qualquer outro interesse que não seja o de transformar a vida do seu paciente, mas para isso precisa aprender a investigar o inconsciente e facilitar no processo da migração destes conteúdos para o consciente e, com o tempo, mostra-lo que é possível transformá-los em Cc através da experimentação e do autodesafio. Despertar no paciente este desejo é o papel do psicanalista.

Por isso, se você é um aluno de psicanálise ou já atua na área da saúde mental, tenha em mente que o seu papel, apesar de muito importante e indispensável na condução dos tratamentos, é colocar o paciente como ator mais importante da sessão. É por ele e para ele que a sessão acontece. É pela transformação dele. É pela mudança dele. É pela libertação dele. É pelo crescimento dele. E, depois de facilitar isso para o paciente, virá a sua satisfação por ter participado deste processo com ele.

Portanto, reforço a importância de conhecer os conceitos basilares da psicanálise e de estar em análise pessoal, porém, sem elaborar as próprias questões, o analista não reunirá condições emocionais e nem habilidades para lidar com a questão do outro, como afirmava Freud.

Reflita sobre algumas questões antes no seu Cnc que o aprisionava, mas que aprendeu a enfrentar e que hoje estão no Cc. Pense sobre como agia e como age hoje. Reflita sobre os desafios que enfrentou e sobre as dificuldades e sobre o desânimo que sentiu em determinado momento, mas que, apesar de tudo, insistiu e não desistiu. Olhe-se hoje e compare o que sentia com o que sente; como via tal problema e como vê hoje; como reagia e como reage hoje; o que evitava e que hoje não evita; aquilo que incomodava e que hoje não incomoda mais. Perceba a sua mudança e como isso foi bom para você. Agora você conhece o caminho que percorreu, sabe sobre as dificuldades e sobre a vontade de desistir, assim como vê hoje o progresso que teve. É essa sua experiência a maior arma da qual dispõe para ajudar o seu paciente, afinal, agora você sabe que enfrentar e experienciar é o único caminho para tornar Cc aquilo que o agonizava.

Se você escolheu ser psicanalista tem o meu reconhecimento e te parabenizo pela coragem de, primeiro por ter procurado por ajuda para resolver suas próprias questões, segundo por entender que a psicanálise o ajudou na sua trajetória, terceiro porque decidiu se aprofundar nos conceitos da psicanálise e, por fim, porque decidiu retribuir tudo o que recebeu ajudando também o outro.

Ser psicanalista é isso: entender-se e ajudar-se a fim de entender e ajudar o outro.

E se você estiver enfrentando algum desafio ou se vê desencorajado por qualquer motivo, compartilho com você algo importante que pode ser um ponto de virada em seu processo de cura e de crescimento pessoal. Primeiro ratifico que a cura, em qualquer processo, seja patológica ou psicológica, dependerá sempre do seu esforço e da sua dedicação, além da sua força de vontade, que serão primordiais na busca da mudança comportamental.

Lembre-se de que as vezes resistimos à mudança porque tememos o desconhecido. Optamos por permanecer no status quo, mesmo que isso não nos traga plenitude ou bem-estar. O medo da mudança nos aprisiona em uma esfera de conforto ilusória, impedindo-nos de alcançar nosso pleno potencial.

É vital reconhecer que dentro de você reside um vasto potencial esperando para ser explorado e desenvolvido. Você é capaz de superar desafios, de transformar sua realidade e de conquistar seus objetivos mais profundos. No entanto, para que isso aconteça, é necessário dar o primeiro passo: estar aberto a experimentar coisas novas e a abraçar a mudança.

Acreditar em si mesmo é o alicerce sobre o qual você constrói a sua jornada de autocura e autodescoberta. Você possui recursos internos extraordinários que podem guiá-lo na direção do crescimento pessoal e da realização de seus sonhos. Mas é preciso ter a coragem de reconhecer esses recursos, de confiar em si mesmo e de se comprometer com o seu próprio bem-estar.

Lembre-se de que o processo de cura é uma jornada pessoal e única, na qual você é o protagonista. É você quem tem o poder de transformar sua vida, de reescrever sua narrativa e de criar o futuro que deseja. No entanto, isso requer vontade, esforço e uma disposição para sair da zona de conforto.

Busque ser o protagonista da sua história e não permita que o outro assuma este lugar, senão, você será apenas um coadjuvante e permitirá que o outro continue decidindo por você. Ao encerrar este livro, compartilho sobre a jornada tumultuada que percorri ao longo da minha vida, assim como foi a sua, acredito. Encarei os desafios mais difíceis, naveguei por tempestades emocionais e descobri que a realidade, embora muitas vezes árdua, é onde encontramos nossa verdadeira força. E é apenas assim que haveremos de crescer: encarando a realidade e não vivendo da fantasia.

Cada palavra aqui escrita foi um lembrete constante de que a realidade nem sempre é como a imaginamos. Enfrentamos desafios imprevistos, lidamos com perdas dolorosas e nos deparamos com nossas próprias limitações. No entanto, é no afrontar essas realidades que vislumbramos a possibilidade de crescer, de nos tornarmos mais resilientes e de descobrir a nossa própria capacidade de superação. E por isso decidi enfrentar, encarar, desafiar-me o tempo todo.

À medida que fecho este livro, levo comigo as lições aprendidas e as experiências vividas. Aprendi que a realidade nem sempre é gentil, mas é onde encontramos a verdadeira essência da vida. Aprendi a valorizar minha essência e não viver da aparência. Aprendi a valorizar o meu ser, não o ter. Aprendi que enfrentar a realidade exige coragem e determinação, mas que também nos proporciona uma sensação de liberdade e de autenticidade que não pode ser encontrada em nenhum outro lugar, especialmente na fantasia.

Que estas páginas sirvam como um lembrete de que, embora enfrentar a realidade possa ser assustador, também é uma oportunidade para crescer, aprender e nos tornar quem realmente somos (ou queremos ser). Que você consiga abraçar cada desafio com bravura e cada triunfo com orgulho e gratidão por si, sabendo que és mais fortes do que jamais imaginou.

E assim, com o coração cheio de esperança e uma mente aberta para o que o futuro me reserva, encerro mais um livro. Que a realidade continue a ser minha bússola enquanto navego pelas águas incertas da vida, sabendo que, no final das contas, é na realidade que encontrei a verdadeira magia da existência. Aprendi, especialmente, a deixar de prestar atenção na fatídica busca do 'sentido da vida' porque percebi que sou eu, e ninguém mais, que pode e que deve 'dar sentido à minha vida'.

Portanto, encorajo você a dar importantes passos em direção ao desconhecido, buscando a experenciação, o se testar e o autodesafio, a explorar novas possibilidades e a desafiar suas próprias limitações. Eu, enquanto analista, posso auxiliá-lo nesta caminhada, mas ninguém, além de você, poderá fazer isso por você. Seu analista poderá ajudá-lo a encontrar o espinho que tanto lhe atormenta, mas somente você terá a decisão de removê-lo.

Lembre-se de que tudo aquilo que você deseja, se for possível e se depender apenas de você, nada e nem ninguém vai impedi-lo.

Por fim, é aprendendo a desaprender – que é deixar de viver dominado pelo Cnc – e com o arrostar e enfrentar a realidade, que você perceberá que perdeu muito tempo acreditando que era incapaz e não suficientemente forte para descobrir-se.

Conte comigo.

AGRADECIMENTO

Prezado Leitor,

É com imensa gratidão que me dirijo a você, após ter concluído a leitura deste livro sobre a complexidade da mente humana e a importância da saúde mental.

Primeiramente expresso meu sincero apreço pelo seu tempo e dedicação ao mergulhar nas páginas deste livro. A mente humana é um vasto universo, repleto de nuances e mistérios, e explorar suas intricadas camadas requer uma mente curiosa e aberta, características que você, sem dúvida, demonstrou ao longo desta jornada.

Ao percorrer as linhas que abordam os desafios e as nuances da saúde mental, espero que você tenha encontrado insights valiosos e reflexões que o incentivaram a uma maior compreensão e empatia em relação a si mesmo e aos outros. A saúde mental é uma parte essencial do nosso bem-estar geral, e é através da educação e da reflexão que podemos cultivar uma abordagem mais holística em relação a ela.

Seja você um estudante em busca de conhecimento, um profissional da área da saúde mental, ou simplesmente alguém interessado em compreender melhor a mente humana, saiba que sua dedicação à leitura deste livro não passou despercebida. São leitores como você que tornam possível a disseminação de informações importantes e o avanço do diálogo em torno de temas tão fundamentais.

Expresso meu mais profundo agradecimento por permitir que este livro tenha feito parte da sua jornada de descoberta e crescimento pessoal. Que as reflexões aqui apresentadas continuem a acompanhá-lo em seus pensamentos e ações, inspirando-o a buscar sempre o equilíbrio e a compreensão em sua própria jornada pela vida.

Com toda a minha gratidão,

Narcizo Pieroni

Psicanalista clínico, escritor, professor, consultor, supervisor.

2024.

REFERÊNCIAS

CHEMAMA, R. Dicionário de psicanálise. Porto Alegre: Artes Médicas Sul, 1995. 240 p.

COSTA, T. Édipo. Rio de Janeiro: Zahar, 2010. 89 p.

DOR, J. Estruturas e clínica psicanalítica. Rio de Janeiro: Taurus-Timbre, 1991. 124 p. 128 SBARDELOTTO et al.

O conceito de sujeito. 3. ed. Rio de Janeiro: J. Zahar, 2010. 80 p.

FERRAZ, F. C. Perversão. 5. ed. São Paulo: Casa do Psicólogo. 2010. 146 p.

FREUD, S. Projeto para uma psicologia científica (1895). In:

_____. Obras psicológicas completas de Sigmund Freud. Rio de Janeiro: Imago, 1996, v. 1. p. 339-410.

_____. Sobre o narcisismo: uma introdução (1914). In:

_____. Obras psicológicas completas de Sigmund Freud. Rio de Janeiro: Imago, 1996. v. 14, p. 75-108.

_____. Os instintos e suas vicissitudes (1915). In:

_____. Obras psicológicas completas de Sigmund Freud. Rio de Janeiro: Imago, 1996. v. 14, p. 115-144.

_____. Pulsões e destinos da pulsão (1915b). In:

_____. Escritos sobre a psicologia do inconsciente. Rio de Janeiro: Imago, 2004. p. 133-162.

_____. O ego e o id (1923). In:

_____. Obras psicológicas completas de Sigmund Freud. Rio de Janeiro: Imago, 1996. v. 19, p. 13-82.

_____. Neurose e psicose (1924/1923). In:

_____. Obras psicológicas completas de Sigmund Freud. Rio de Janeiro: Imago, 1996, v. 19, p. 195-201.

_____. A dissolução do complexo de Édipo (1924). In:

_____. Obras psicológicas completas de Sigmund Freud. Rio de Janeiro: Imago, 1996, v. 19, p. 195-201.

_____. A perda da realidade na neurose e na psicose (1924b). In:

_____. Obras psicológicas completas de Sigmund Freud. Rio de Janeiro: Imago, 1996, v. 19, p. 165-173.

GARCIA-ROZA, L. A. Freud e o inconsciente. 24. ed. Rio de Janeiro: J. Zahar, 2009. 236 p.

JORGE, A. C.; FERREIRA, N. P. Lacan, o grande freudiano. Rio de Janeiro: J. Zahar, 2005. 88 p.

LACAN, J. A tópica do imaginário (1954). In:

_____. O seminário: livro 1: os escritos técnicos de Freud. Rio de Janeiro: J. Zahar, 1998. p. 89-186.

_____. O sujeito e o outro (I): A alienação (1964a). In:

_____. O seminário: livro 11: os quatro conceitos fundamentais da psicanálise. 2. ed. Rio de Janeiro: J. Zahar, 1998. p. 191- 204.

_____. O sujeito e o outro (II): A afânise (1964b). In:

_____. O seminário: livro 11: os quatro conceitos fundamentais da psicanálise. 2ª ed. Rio de Janeiro: Jorge zahar, 1998. p. 205- 217.

_____. O estádio do espelho como formador da função do eu: tal como nos é revelada na experiência psicanalítica (1949). In:

_____. Escritos. Rio de Janeiro: Jorge Zahar, 1998. p. 96-103.

_____. O seminário, livro 5: as formações do inconsciente. Rio de Janeiro: J. Zahar, 1999. 532 p.

MELLO, E. N. de. Narcisismo e desejo. In: MELLO, E. N. de. Entre a lei e o desejo: antecedentes à abordagem lacaniana do problema da ética em "Kant com Sade". São Paulo: UFSCar, 2007. p. 109-130.

MURANO, D. Para que serve a psicanálise? 2. ed. Rio de Janeiro: J. Zahar, 2006. v. 21, 68 p.

_____. A transferência: uma viagem rumo ao continente negro. Rio de Janeiro: J. Zahar, 2006b. 78 p.

NASIO, J. D. O conceito de narcisismo. In: NASIO, J. D. Lições sobre os 7 conceitos cruciais da psicanálise. Rio de Janeiro: J. Zahar, 1997. p. 47-71.

QUINET, A. Os outros em Lacan. Rio de Janeiro: J. Zahar, 2012. 84 p.

_____. A função das entrevistas preliminares. In:

_____. As 4+1 condições de análise. 12. ed. Rio de Janeiro: J. Zahar, 2009. p. 13-34.

_____. Teoria e clínica da psicose. 3. ed. Rio de Janeiro: Forense Universitária, 2006. 238 p.

SIRELLI, N. M. Alienação e separação: a lógica do significante e do objeto na 129 A Constituição do sujeito. Minas Gerais: UFSJ, 2010. 95 p.

WISNIEWSKI, L. I. O sujeito – o outro. Revista Letras da Coisa, Curitiba, n. 7, p. 15-22,